PLEYEL, WOLFF & CIE

1807-1893

LA

Salle Pleyel

sV

LA
Salle Pleyel

TEXTE

PAR

L. DE FOURCAUD, ARTHUR POUGIN et LÉON PRADEL

Illustrations

DE

P. RENOUARD et J. GRIGNY

Gravures sur bois

DE

FLORIAN, GUSMAN et BOILEAU.

PARIS

ANCIENNE MAISON QUANTIN

LIBRAIRIES-IMPRIMERIES RÉUNIES

MAY et MOTTEROZ, DIRECTEURS

7, rue Saint-Benoît

1893

LA MUSIQUE DE CONCERT

DEPUIS 1830

—·· ⁞ ✖ ⁞ ··—

L'histoire de l'évolution musicale en France, à partir de 1830, date consacrée des revendications et des émancipations artistiques, forme un des plus curieux chapitres de l'histoire générale de nos arts, et des mieux reliés à l'étude des transformations de nos mœurs. On a dit de la musique qu'elle est l'art du xıxᵉ siècle ; tout au moins s'est-elle développée de nos jours de la manière la plus inattendue et la plus éclatante. Il semble qu'à mesure que les sciences positives et les tendances de plus en plus précises des observateurs faisaient entrer la littérature et la peinture dans une voie de réalité formelle, les hommes aient demandé davantage aux conceptions des musiciens les compensations idéales dont ils ont besoin. En fait, la musique a saturé l'air que nous respirons ; elle s'est mêlée à notre vie intime ; elle est devenue une véritable nécessité sociale. En même temps qu'elle s'est répandue, elle a progressé. Les grands artistes ne sont certes pas plus nombreux que par le passé ; mais les bons artistes, ceux qui savent comprendre et faire sentir la vraie beauté des œuvres, sont moins rares. Peu à peu, l'on a vu le public, initié par les organisateurs des concerts symphoniques, prendre goût à l'art sévère. Avec l'accoutumance, le raffinement tend à venir. Il y a, maintenant, chez nous un terrain tout préparé pour l'épanouissement d'une école forte, franchement nationale, sûre de ses doctrines, maîtresse de ses idées, respectueuse des anciens chefs-d'œuvre, mais jalouse de se produire telle qu'elle est, selon ses aptitudes et les modes spéciaux de sa sensibilité. Et nous essayerons d'indiquer ici, tout au moins à grands traits et en nous contenant au domaine des concerts, comment de tels résultats ont pu être obtenus.

On peut dire de la musique qu'elle est entrée dans les mœurs avec les progrès du piano. On peut dire du piano qu'il s'est perfectionné sous la pression redoublée du goût musical. Si l'on ne tenait pas compte de cette double vérité, le mouvement de l'art lyrique en ce siècle, et principalement en cette fin de siècle, resterait inexplicable. Graduellement amélioré et transformé selon les désirs des compositeurs, assoupli, fortifié, sensibilisé, étendu, rendu susceptible de modifier ses timbres, de se prêter à tous les caractères, à traduire toutes les nuances, le piano est devenu l'instrument par excellence, un complet orchestre aux mains d'un seul exécutant. De ses qualités nouvelles, successivement conquises, ont dérivé, pour la composition même, d'inappréciables avantages. Les sonorités prenant de l'indépendance et, pour ainsi dire, de l'individualité au gré du virtuose, les musiciens se sont dérobés aux insipides placages harmoniques, aux monotones accompagnements. Une seule main peut, à la fois, dégager un chant et le soutenir de dessins appropriés, tandis que l'autre se meut librement dans le large espace sonore et répond aux interro-

M. AMBROISE THOMAS.

gations de la mélodie par d'inépuisables commentaires symphoniques. Les dispositions des cordes, des marteaux et des pédales permettent de varier et de moduler le son à l'infini. Les notes se détachent ou s'enroulent, se brisent ou s'envolent comme des fusées, s'éclaircissent ou s'étouffent, s'opposent ou s'unissent sans jamais se confondre, et communiquent à l'auditeur telles impressions que l'on veut. Quoi d'étonnant à ce que, dans ces conditions, le piano se soit popularisé d'une merveilleuse sorte ? Il satisfait aux moindres exigences de l'artiste et aux vœux du public, progressivement accoutumé au grand développement de la symphonie et aux splendides broderies concertantes d'une instrumentation de plus en plus nourrie. Aussi point de maison ou on ne le rencontre. Il fait partie de l'intimité des familles. Un jour viendra ou, grâce à lui, les plus chétives bourgades seront initiées aux anciens et aux nouveaux chefs-d'œuvre. Ce jour-là, la France sera, musicalement, l'égale de l'Allemagne; elle aura des symphonistes profonds et spontanés, des musiciens essentiels et d'une originalité qui ne relèvera à aucun degré des écoles étrangères, car tout génie pur se forme dans la masse d'une nation en travail.

Aux environs de 1829, on compte, à Paris, plusieurs salles de musique, ou plutôt, pour employer le langage du temps, divers salons mis à la disposition des virtuoses et des amateurs. Les principaux facteurs d'instruments ont un local de réunion assez simplement aménagé : salon de MM. Pleyel, de M. Erard, de M. Pape, de M. Dietz, de M. Petzold, salle Chantereine, etc., etc. Presque pas de soir dans la saison d'hiver, où il ne se donne des séances musicales. Fétis, à ce propos, fait une remarque dans la *Revue musicale* : « Les concerts, tels qu'on les donne pendant la durée de la saison, dans les villes principales de l'Europe, peuvent être considérés comme une espèce de contribution prélevée sur les amateurs auxquels on ne procure pas toujours du plaisir pour leur argent. De là, sans doute, l'ennui qu'inspire non seulement la

M. CHARLES GOUNOD.

chose, mais jusqu'au nom. Aussi voyons-nous le mot presque entièrement disparaître. On ne nous parle plus de *concerts,* on nous offre des *soirées musicales,* des *séances de musique.* Le titre nous serait fort indifférent, mais la réalité, par malheur, ne vaut pas mieux. A qui s'en prendre ? Aux artistes eux-mêmes si négligents dans la composition de leurs programmes, si faciles à admettre dans leurs rangs les talents les plus médiocres. Le public a délaissé le concert avec orchestre : il en viendra aussi à abandonner les soirées au piano. »

Le délaissement des concerts avec orchestre est un point qui touche le vieux Fétis. Il y revient comme il suit, en 1830 : « Depuis quelques années, la forme des concerts a beaucoup changé. Autrefois, il fallait, pour la moindre de ces séances, tout l'appareil d'un orchestre bon ou mauvais, plus souvent mauvais que bon, car on ne répétait guère. En substituant le piano à ces orchestres improvisés, on a rétréci les proportions de la musique et suivi la pente qui entraîne vers le futile aux dépens du sérieux, mais, sous le rapport de l'exécution, nous avons certainement gagné quelque chose. » L'appréciation est fort sensée.

Voyons, toutefois, d'un peu plus près ce qui s'exécute. Le fond des programmes est composé de variations pour piano sur des thèmes d'opéras en vogue, de valses favorites, de fantaisies brillantes, de caprices de concert, de méditations, de nocturnes, de romances... Aux soli de piano succèdent des Variations concertantes pour piano et violon, piano et hautbois, piano et flûte, piano et cor... Le violon intervient assez souvent avec des Siciliennes, des Rondeaux, des pièces de virtuosité, des Airs variés pour double, triple et quadruple corde, et même pour une corde seule. Baillot, Lafont, Habeneck et Mazas sont les violonistes les plus accrédités, excellents musiciens d'ailleurs. Mazas joue de l'alto de manière à produire un grand effet par la beauté du son et la hardiesse du coup d'archet Vogt exécute sur le hautbois des

M. ERNEST REYER.

compositions telles que sa fantaisie sur des thèmes de *Léocadie*
Gallay et Mengal sont les cornistes en grand renom. Vers 1834,
Franchomme et Chevillard ont de vifs succès comme violoncel-
listes. Tulou, le magicien de la flûte, fait absolument fureur. Léo
Gatayes et Théodore Labarre sont recherchés comme harpistes.
De temps à autre, on a quelque intermède de guitare par
M. Huerta...

Que si vous désirez connaître les principaux chanteurs
applaudis, nous vous nommerons Adolphe Nourrit, voix délicieuse, méthode étonnamment sûre et talent si souple qu'il interprète avec une égale perfection un air d'opéra, une cantilène
amoureuse et un air bouffe de Fioravanti ; Dabadie, Levasseur,
qui créa le rôle de Bertram, de *Robert le Diable ;* Mme Damoreau,
Mlle Labat, à qui l'on reproche d'imiter la Catalani, et, par exception, la grande Malibran et la fameuse Sontag. Ce sont encore
Bruguière, Cambon, Richelmi, Boulanger, les diseurs de romances.
Et si l'on tient à savoir les titres de quelques-unes des romances
qu'ils font entendre, nous n'avons que l'embarras du choix
Rendez-moi mon léger bateau et le *Tombeau de Lycas* de Bru-
guière, l'*Écho du Vallon* de Panseron, *Isaure*, d'Adam, et *le Vieux
Pêcheur de Pise, Dérision et Damnation,* de Plantade, etc., etc.

De l'art classique, il n'en est pas question. C'est à peine si l'on
a l'air de se douter de l'existence des maîtres sévères. Une seule
fois, en ces tristes années, le nom de Mozart figure sur un programme, et c'est à propos d'une suite de variations de Paer d'après
un thème de l'auteur de *Don Juan.* Panseron, dans un de ses
concerts, fait chanter un chœur d'*Euryanthe* de Weber, avec
accompagnement de quatuor à cordes et de cors. Sur Beethoven,
silence complet partout, hormis au Conservatoire, où, néanmoins,
on ne se fait faute de mutiler ses Symphonies. Dans l'hiver de 1830,
les frères Bohrer ont donné trois ou quatre soirées consacrées entièrement aux dernières productions du grand homme. Voici dans

quels termes sont appreciés ces fiers chefs-d'œuvre de la musique de chambre : « Il ne suffit pas d'être sensible à l'art instrumental pour se plaire à l'audition de ces ouvrages. Il ne suffit même pas d'être musicien pour en saisir l'esprit. La conception en est si bizarre, l'harmonie parfois si dure, l'intention si vague, que ce n'est point au premier effort qu'on peut espérer comprendre. Quelque parfait que soit l'ensemble de MM. Bohrer et de leurs accompagnateurs, rien ne peut triompher de la fatigue qu'on éprouve à suivre le compositeur dans les écarts de sa fantaisie. »

Au point de vue de la partie musicale, il faut donc convenir que les concerts de l'époque de 1830 sont de la dernière faiblesse. La virtuosité à outrance prime tout mérite sérieux. On connaît les pages si spirituellement mordantes de Berlioz se peignant lui-même, malade, dans son cabinet et assailli de huit musicastres dont chacun voudrait l'avoir, le soir même, à sa séance, et dont plusieurs ne demandent qu'à lui jouer leur programme sur place. La scene doit arriver tous les jours. Les critiques ne savent où donner de la tète, et l'audition de ces insipides concerts quotidiens leur est une affreuse corvée.

Mais, à côté de la médiocrité de la composition, il faut tenir compte des surprenants progrès de la facture du piano. Le piano, toujours perfectionné par les Pleyel et les Erard, commence à devenir un instrument extraordinaire, d'une sonorité puissante, douce, soutenue, et comme le microcosme de l'orchestre. Au sujet d'un concert donné, salle Pleyel, le 1er janvier 1830, et ou Kalkbrenner a obtenu un pur succès d'enthousiasme, Fétis s'écrie : « La réputation des pianos de MM. Pleyel est, désormais, faite dans le monde et parmi les artistes. Sous le rapport de la qualité du son, ces instruments ne laissent rien à désirer et me semblent même l'emporter sur les pianos anglais, qui furent longtemps le modèle de la fabrication. MM. Pleyel ont encore trouvé moyen d'améliorer leurs produits en changeant le système des claviers et en leur assurant de la légèreté. » Les recherches et les améliorations se poursuivent sans arrêt. Voici, par exemple, la note qu'on lit cette même année 1830, dans les journaux de musique : « Un hasard heureux vient de faire découvrir à M. Pleyel un principe nouveau de sonorité, contraire à toutes les idées reçues. Un facteur de harpes, M. Dizi, a été conduit, par une série d'expériences sur la résistance des tables sonores, à doubler une de ses harpes d'un autre bois que le sapin, en croisant les fibres et en appliquant les deux tables l'une sur l'autre au moyen d'une mince couche de colle. Ses amis et ses ouvriers avaient ri de ce qu'ils appelaient une folie. Or, il arriva que, contre toute attente, le son fut doublé. M. Pleyel a fait le même essai d'une double table de sapin et d'acajou, dans le sens transversal des fibres du bois, pour la construction d'un grand piano. La réussite est parfaite MM. Pleyel et Dizi ont pris un brevet d'invention pour l'exploitation de leur découverte. »

Dès ce moment, les grands pianistes rencontrent, dans les nouveaux instruments mis à leur disposition, des ressources inestimables. Les salons de MM. Pleyel attirent successivement toutes les illustrations du clavier. C'est d'abord Kalkbrenner, que Mᵐᵉ de Girardin appelle « un ménestrel », et qui, selon le témoignage du temps, « se montre majestueux, élégant, brillant, gracieux, de tout point remarquable » Puis, c'est Hummel, auteur de concertos et de fantaisies un peu oubliés, mais dont on s'accorde à vanter le jeu plein de netteté et de force, et, surtout, le merveilleux talent d'improvisateur. « Il faut improviser comme Hummel, écrit Fétis, ou renoncer à tout jamais à l'improvisation. » Ce sont encore Ferdinand Hiller, pianiste allemand d'un goût exquis ; Moscheles, musicien savant, virtuose très robuste, dont les concertos, joués par lui, obtiennent une sorte de vogue, et qui transporte ses auditeurs avec ses *Souvenirs d'Irlande*, grandes variations sur des thèmes populaires d'un caractère saisissant; Field, compositeur anglais, si

M. JULES MASSENET.

célèbre par ses nocturnes ; Osborne, duquel un duo concertant pour piano et violon sur des thèmes de *Guillaume Tell,* compose en collaboration avec le maître violoniste belge de Bériot, est encore joué quelquefois dans les salons ; Cramer, l'auteur des fameuses études et de concertos oubliés, virtuose au toucher délicat, dont la *Revue musicale* dit, avec une sorte d'attendrissement · « MM. les artistes à points d'orgue feront bien d'apprendre de Cramer comment on traite avec intérêt ces sortes de fantaisies. »

A côte des célébrités reconnues, voici un petit prodige qui débute. Son nom ⸱ Louis Lacombe C'est un élève de Zimmermann, comme Marmontel, comme Prudent. Son maître le tient, malgré son âge. en si haute estime, qu'il le veut présenter lui-même au public. C'est au Théâtre-Italien qu'a lieu le concert où il s'essaye, pour la première fois, devant un grand auditoire. Il paraît · il est si mince, si souriant, si peu intimidé qu'on bat des mains comme par raillerie. Le gamin s'installe sur le tabouret, surhaussé d'un gros livre, et prélude, tout de suite, avec la plus incroyable aisance. Les morceaux qu'il exécute sont des pièces de grande virtuosité de Henri Herz. On est stupéfait de sa vigueur et de son sentiment exquis des nuances. Les notes qu'il tire du piano de Pleyel, tour à tour nettes et veloutées, perlées ou martelées, remplissent la salle avec une diversité inouïe. Son succès évoque le souvenir de Mozart enfant. Un seul petit prodige a débuté plus jeune. C'est le pianiste Rhein, qui n'avait que cinq ans lorsqu'il donna, à Marseille, son premier concert. Liszt, que nous allons retrouver tout à l'heure, s'était produit à sa dixième année. Rubinstein fit connaissance avec le public à peu près au même âge, et M. Saint-Saens pareillement. Tous ces pianistes, hors le seul Rhein, dont nos générations ont perdu la trace, sont devenus des compositeurs éminents. Mais nous ne voulons pas anticiper.

M. CAMILLE SAINT-SAËNS.

* *
*

C'est de Liszt et de Chopin que nous avons maintenant à parler. Liszt! Chopin! L'histoire du piano n'a pas de noms plus illustres. Pour analyser comme il conviendrait des personnalités de cet ordre, de longues pages seraient nécessaires, et nous ne disposons ici que de quelques lignes. Liszt avait paru, pour la première fois, devant les Parisiens, en 1820. L'engouement qu'il avait excité ne saurait se décrire. C'était à qui le posséderait chez lui, le cajolerait, lui ferait des présents. Son nom emplit toute la France, où il fit, sous la direction de son père, une tournée de concerts. Que jouait-il alors' Des morceaux dans le goût de l'époque, tous de virtuosité transcendante et mesquine. Au milieu du délire universel, la critique était restée en expectative. On verrait bien ce que donnerait plus tard ce talent précoce, si furieusement exploité. Or, le 16 avril 1828, Liszt affrontait de nouveau le public de Paris à la salle Chantereine, et, cette fois, la critique s'amadouait. Lisez plutôt l'article de Fétis :

« Le jeune Liszt est un pianiste qui doit, dès à présent, s'asseoir au premier rang. Son doigté est plein de vigueur et d'énergie; son exécution est brillante de grâce et de la plus étonnante précision. M. Liszt a improvisé sur trois thèmes tirés d'une symphonie de Beethoven, du *Siege de Corinthe* de Rossini, et de *la Muette de Portici* d'Auber. L'improvisateur a développé et varié ces trois phrases avec beaucoup de talent. Nous mêlons volontiers nos louanges à celles de ses admirateurs, en lui conseillant, toutefois, de se défier de sa fougueuse imagination. La bizarrerie est tout près de l'originalité, et le fouillis résulte quelquefois de la surabondance des idées. »

Voila donc les débuts sérieux du grand artiste. Son programme est un des rares où apparaisse, même sous le couvert d'une improvisation thématique, le nom auguste de Beethoven. L'artiste est plus que jamais idolâtré des salons parisiens. Mais, en même temps, il se lie de grande amitié avec Berlioz, dont l'influence deviendra si grande sur la musique française. Un détail nous peindra cependant, de la manière la plus curieuse, l'état musical de cette période : c'est le programme du concert donné par Liszt et Garcia fils au Wauxhall, dans l'hiver de 1833, au profit des indigents. On y entend l'ouverture d'*Obéron* de Weber, et l'ouverture des *Francs Juges* de Berlioz, exécutées par l'orchestre sous la direction de Girard. L'ouverture des *Francs Juges* est très applaudie. Nourrit chante ensuite, avec son admirable talent, l'air des *Abencérages* et une romance de Mᵐᵉ Pauline Duchambge, *la Pauvre Vieille*. Brad, le hautboiste, tire une série de variations de son hautbois, et Liszt, selon le mot des Italiens, *fait fanatisme* avec son piano. On voit un singulier mélange en cet ensemble. Nous ne savons pas ce qu'a exécuté, ce soir-là, l'étonnant pianiste; mais le critique de la *Revue* n'est pas sans faire quelques réserves, à cette occasion, sur son jeu, qui ne se modifie pas. « Il serait, dit-il, le plus extraordinaire des exécutants, s'il réussissait à se maîtriser. » Berlioz ne nous a pas laissé ignorer que, dans cette période de sa carrière, son fulgurant ami a eu trop souvent le désir de produire de l'effet a tout prix et par tout moyen. J'en ai pour garant la jolie page suivante, insérée par l'auteur de la *Symphonie fantastique* dans son volume *A travers chants.*

« Il y a une œuvre de Beethoven, la Sonate en *ut dièze mineur*, dont l'adagio est une de ces poésies que le langage humain ne sait comment désigner. Un jour, en 1832, Liszt, exécutant cet adagio devant un petit cercle dont je faisais partie, s'avisa de le dénaturer, selon l'usage qu'il avait alors adopté pour se faire applaudir du public fashionable. Au lieu de ces longues tenues des basses, au lieu de cette sévère uniformité de rythme et de mouvement qui est la beauté de ce morceau, il plaça des trilles, des trémolos, il pressa et ralentit la mesure, troublant ainsi par des accents passionnés le calme de cette tristesse grandiose, faisant gronder le tonnerre dans un ciel sans nuage qu'assombrit seulement le départ du soleil. Je souffris cruellement.. Mais le grand artiste, depuis, a fièrement pris sa revanche.

« Dernièrement, un homme de cœur et d'esprit avait réuni quelques amis. Liszt arrive dans la soirée, et trouvant la discussion engagée sur la valeur d'un morceau de Weber auquel le public, dans un concert récent, avait fait un assez triste accueil, se mit au piano pour répondre à sa manière aux détracteurs du maître. L'argument parut sans réplique, et l'on fut obligé de reconnaître qu'une œuvre de génie avait été méconnue. Comme il venait de finir, la lampe qui éclairait l'appartement sembla près de s'éteindre; l'un de nous allait la ranimer : « N'en faites rien, lui dis-je S'il « veut jouer l'adagio en *ut dièze mineur* de Beethoven, ce demi-jour « ne gâtera rien. — Volontiers, dit Liszt, mais éteignez tout à « fait la lumière, couvrez le feu, que l'obscurité soit complète. »

« Alors, au milieu de ces ténèbres, après un instant de recueillement, la noble élégie, la même qu'il avait autrefois si étrangement défigurée, s'éleva dans sa simplicité sublime. Pas une note, pas un accent ne furent ajoutés aux accents et aux notes de l'auteur. C'était l'ombre de Beethoven, évoquée par le virtuose, dont nous entendions la grande voix. Chacun écoutait en silence, en frissonnant, et après le dernier accord, on se tut encore. Nous pleurions. »

Le fait est que la carrière de Liszt, au point de vue de la virtuosité comme à celui de la composition, fut une ascension constante. Des procédés artificiels, il s'élève au plus grand style, sans abdiquer cette verve capricieuse, tour à tour pompeuse, attendrie et ironique, qui est le propre de sa personnalité. Dès l'hiver de 1835, nous le voyons se produire, le même soir, à l'Hôtel de Ville, sous le double aspect d'exécutant et de compositeur. Il joue, avec accompagnement d'orchestre, et d'une incomparable sorte, l'adagio du

FRANZ LISZT.

concerto en *mi bémol* de Beethoven. C'est tout ce que l'on peut risquer devant le public à cette époque, en dehors du Conservatoire, et encore, — nous rougissons de le rappeler, — l'auditoire demeure froid. L'orchestre interprète ensuite une importante fantaisie instrumentale de Liszt sur les thèmes de deux mélodies de Berlioz, la *Ballade du Pêcheur* et la *Chanson des Brigands*. L'œuvre obtient du succès par son éclat, sa couleur et sa richesse harmonique Seize ans plus tard, l'artiste écrira, pour l'inauguration de la statue de Beethoven, à Bonn, une cantate symphonique du plus haut style, ou ses qualités mûries, assagies, fortifiées par l'étude. se montreront à leur apogee. C'est dans cette œuvre que se trouve si délicieusement instrumenté, en guise de finale, l'adagio varié du trio en *si bémol* du géant des Symphonies.

Laissons maintenant le futur auteur des *Rapsodies hongroises* et de l'oratorio de *Sainte Elisabeth* étourdir le monde du bruit de ses triomphes. Nous en avons assez dit pour justifier l'universel prestige de son talent; nous ne saurions malheureusement le suivre en sa longue et magnifique carrière de compositeur. A partir de 1840, il commence a déserter son piano. Le grand-duc de Weimar, le voyant décidé a n'être plus un virtuose, l'attache à sa cour et lui confie son théâtre. L'influence de Liszt, à Weimar. a été capitale dans l'évolution musicale contemporaine. Avec une clairvoyance critique merveilleuse et la plus rare générosité d'esprit, il a encouragé et, jusqu'a la fin de sa vie, contribué à mettre en lumière les musiciens de tous les pays, sans distinction d'origine, sans acception de genres, en qui perçait une originalité. Il a fait jouer, dans le théâtre grand-ducal, le *Benvenuto Cellini* de Berlioz et le *Lohengrin* de Wagner. Pas une production importante qu'il n'ait lue et répandue. Jamais il n'a refusé à un jeune pianiste de bonne volonté et de tempérament des conseils et des leçons. Par quel miracle d'activité intellectuelle est-il parvenu, au milieu de si absorbantes occupations, à écrire sans cesse des œuvres personnelles dont pas une ne porte la trace d'un travail hâtif ? Même en ses dernières années, alors qu'il se partageait entre la Ville Eternelle, la cour de Weimar et le Conservatoire de Pesth, et qu'il trouvait encore le loisir et la force de faire des apparitions à Bayreuth, à Vienne, à Liège, à Bruxelles et à Paris, il avait l'œil à toutes les nouveautés, recevait des visites, tenait sa correspondance en règle et composait toujours. Cette existence. où se mêlent le romanesque, le sérieux, l'utile, avec un perpétuel imprévu, et ou la hauteur du dilettantisme donne sa note à la production même, offre quelque chose d'étrange et de reellement unique.

Il est temps d'en venir à Chopin. Le genre d'adoration dont jouit, à Paris, dans le monde le plus aristocratique et le plus raffiné, ce grand artiste polonais, de nom français et Français d'origine, ne se peut comparer, nous semble-t-il, qu'au sentiment passionné qu'excita, au dernier siècle, le philosophe Jean-Jacques Rousseau. Ce ne fut point une admiration qu'on eut pour lui; ce fut un culte. Prenez ici les mots à la lettre : on ne l'admira point, on l'adora. Frédéric Chopin, né près de Varsovie en 1810, protégé par le comte Antoine Radziwill, s'était fait connaître en Pologne et en Russie dès 1825. En 1830, le hasard le conduisit à Paris, d'où il comptait se rendre à Londres. Quelques jours après, son sort était fixé : il se sentait Parisien. Plusieurs de ses compatriotes, haut situés dans la société française, auxquels le chef de la maison de Radziwill l'avait adressé, lui ménagèrent des relations et lui procurèrent des élèves. Entre Camille Pleyel et lui, ces liens d'affection se formèrent, dont les cœurs et les esprits d'élite ont seuls le privilège et qui sont une si grande force dans la vie. Que de progrès se réalisèrent par l'échange constant des idées de ces deux artistes ! Leur double influence rayonna et triompha du même coup. Bientôt les salons connurent Chopin, et, quand il résolut de se produire en public, au printemps de 1832, ce fut. naturellement, dans les salons Pleyel. Le maître avait la physionomie la plus maladivement délicate, la plus impressionnante qu'on puisse concevoir. Il s'avançait vers le piano d'une démarche comme lassée, regardant devant lui d'un œil profond, très clair, perdu on ne savait en quels rêves. En préludant, ses doigts couraient sur les touches comme au hasard. Soudain, sa musique prenait un caractère fiévreux, quasi visionnaire. Des motifs, pleins de couleur, d'un élan hautement héroïque, frappés avec vigueur, traversaient des épisodes d'une poésie passionnée, d'une melancolie intimement douloureuse. Ses *Polonaises,* ses *Mazurkas* chantaient l'âme de la Patrie. On n'était pas seulement sous le charme, on était sous l'émotion. A défaut d'une profonde science, Chopin possédait, comme compositeur, une imagination mélodique aussi riche qu'originale, un sens harmonique exquis et la plus rare conscience dans le travail. « Sa création était spontanée, nous dit George Sand ; il rencontrait l'idée sans la chercher. Elle lui venait au piano, soudaine et complète, ou bien elle fleurissait dans sa tête, pendant une promenade, et il se hâtait de la fixer sur le papier. Mais alors commençait un labeur effrayant. Les dispositions du thème ne se présentant plus distinctement à son esprit, le pauvre musicien écrivait, raturait, ajoutait, diminuait, transposait. arrivait à trouver sa pensée détestable et tombait dans un morne désespoir. Durant des journées entières, il s'enfermait alors, marchant, pleurant, s'arrachant les cheveux, déchirant les feuillets écrits, brisant ses plumes, changeant vingt fois une mesure, un accord, une note. Il passait six semaines, au besoin, sur une page, sans parvenir à se contenter. » C'est dans cette incessante torture qu'il produisait. Et cette torture venait moins de son insuffisance technique, plus que rachetée par la splendeur de ses dons, que d'une excessive susceptibilité intérieure, d'un désir d'expression et de perfection poussé au point le plus aigu, d'une exaspération de nervosité désolante, entretenue, surexcitée par de continuelles souffrances. La maladie affine l'homme en l'épuisant. Chopin, dès 1837, était

FRÉDÉRIC CHOPIN.

Medaillon sculpté par Clesinger pour le tombeau de Chopin au cimetière du
   Père-Lachaise, à Paris.
Après la mort du grand artiste, ses amis et ses admirateurs ont ouvert une
   souscription pour lui élever un monument. Le reliquat de la somme ainsi
   recueillie a été déposé dans la maison Pleyel qui s'est chargée de l'entre-
   tien du monument.

phtisique sans espoir... Mais il ne convient pas d'aller si vite.

M. Marmontel raconte que le premier pianiste de qui le jeune Polonais se fit entendre, à Paris, fut Kalkbrenner. Chopin l'aurait timidement prié de l'écouter dans son *Concerto en mi mineur*, œuvre d'une ciselure pianistique minutieuse, tout agrémentée de jolis traits, et lui aurait, du même coup, demandé des conseils. Kalkbrenner était d'allure rogue, sensible à l'élégance du doigté plus qu'à la poésie. Il se peut que le pâle musicien slave lui ait paru nébuleux de tendances. Bref, entre les deux artistes, l'accord ne s'est point fait, et c'est fort heureux pour l'auteur des *Polonaises*, dont rien ne contraindra jamais ni les conceptions, ni le goût d'exécutant. Il n'est pas défendu d'attribuer à cet épisode la croissante horreur de Chopin pour ces professeurs « qui ne voient dans la musique qu'un prétexte à faire valoir ses doigts de plusieurs façons ». Une autre circonstance lui vient donner, bientôt après, une immense aversion pour les vulgarités de la foule.

Ses amis lui ont persuadé de louer, pour un soir, la salle du Théâtre-Italien. En un clin d'œil une grande séance se trouve organisée, avec l'appui de la comtesse Delphine Potocka, des Czartoriski, des Ostrowski et d'autres familles de Pologne en residence à Paris. Habeneck accepte de diriger l'orchestre. La soirée, très annoncée, s'annonce belle, car les spectateurs affluent. Chopin n'a pas le style impétueux qui répond aux vastes salles. Ses visions musicales, si grandes dans l'intimité, perdent beaucoup de leurs proportions. La plupart des auditeurs s'étonnent de ne pas entendre le piano Pleyel sonner, sous les doigts du nouveau venu, comme sous les doigts de Liszt par exemple. En un mot, c'est une déception pour les amateurs et une vive souffrance pour l'artiste, qui ne sait rien prendre avec modération.

On aura bien de la peine, par la suite, à décider le maître à se présenter de nouveau dans un concert à orchestre. Il consentit pourtant à paraître, le 26 avril 1835, au concert du Conservatoire au profit de Habeneck. Ce jour-là, ce ne fut pas en pure perte qu'il fut sublime. Il se vit fêté, acclamé avec transport. Nous le voyons encore, cette même année 1835, figurer dans une séance offerte au public, dans les salons Pleyel, par cinq virtuoses renommés : Henri Herz, Chopin, Osborne, Ferdinand Hiller et Stamaty, — ce dernier élève de Kalkbrenner. — Qu'allait-il faire, le divin rêveur, parmi ces chercheurs d'effet, ces brodeurs de variations, ces carillonneurs de musique? Le poète ne daignera plus remonter sur l'estrade, à l'avenir, que bien rarement. Une fois, le 26 avril 1841, le concert qu'il dedie à ses admirateurs. chez Pleyel, prend l'importance d'un événement parisien, tant et si bien que, dans la *Gazette musicale*, maître Liszt ne cède à personne l'honneur d'en rendre compte. Et Dieu sait qu'il ne ménage pas l'éloge à son frère d'armes, d'un ton de sincérité parfaite! Les Mazurkas, en particulier, l'ont charmé. « Beaucoup de ces petits chefs-d'œuvre, si capricieux et si complets pourtant, dit-il, valent mieux — pour nous, du moins — que de très longs opéras. » Une fois encore, le 16 février 1848, Chopin réunit ses admirateurs, toujours au même endroit. L'artiste, à ce moment, s'apprête à passer la Manche. On l'a tant sollicité de venir à Londres, et il y a tant de troubles dans l'air, à Paris, qu'il se laisse tenter. Ce concert sera comme une promesse de prompt retour faite aux Parisiens qui l'aiment. Hélas, le pauvre artiste, désorienté par la révolution qui éclate, et qui blesse au plus vif de son cœur ses affections et ses sentiments, vaincu par l'horrible phtisie, dégoûté de toute chose, hormis de l'art, le grand Chopin ne reviendra plus en France en 1849 que pour y mourir.

Le culte pieux qu'a inspiré le musicien des *Polonaises* est resté longtemps dans les sphères d'une certaine mysticité mondaine. Ce n'est qu'a la longue et bénéficiant de progrès nouveaux, auxquels il avait aidé, que sa gloire est sortie du cercle des initiés idolâtres pour appartenir à tous les musiciens. Aujourd'hui, pas de concert ou l'on ne joue du Chopin. Les conservatoires font étudier ses œuvres, puisent même dans son répertoire des pièces de concours. Qui se souvient de l'anathème jadis lancé contre lui pour avoir substitué le troisième doigt au pouce dans son doigté coutumier. On sait qu'il a été, avec des moyens entièrement personnels, en toute indépendance, un admirable poète du clavier, un artiste incomparable. Cela suffit.

* *
* *

Les belles figures que nous avons trouvées sur notre chemin nous ont fait négliger quelques personnalités intéressantes. Autour de Liszt et de Chopin gravite toute une pleiade de virtuoses animés du zèle de leur instrument. L'un des plus célèbres fut Sigismond Thalberg, pianiste allemand d'une distinction particulière et qui vint chercher, en France, en 1835, la consécration de sa renommée. C'était une nature d'homme essentiellement charmante et attirant la sympathie, mais ses aspirations d'artiste mondain lui faisaient poursuivre l'effet un peu plus que de raison. Par là, le malheur voulut qu'il fît école. Il avait un jeu délié, libre, infiniment mélodieux, plaisant à bon droit; il adopta, pour séduire plus aisément le public, le genre hybride des paraphrases de motifs d'opéras. Quelle fortune n'ont pas eu, jusqu'à ces dernières années, telles de ses amplifications, avec des reprises de chant successivement transportées à toutes les octaves du piano et enguirlandées à satiété de traits et d'octaves. Les Prudent, les Goria, les Gottschalk, les Rosellen ont trouvé dans cette méthode un moyen de mettre très orchestralement en valeur les ressources du clavier, et ils en ont usé et abusé de mille manières. Nous n'oserions affirmer que Liszt lui-même n'ait point, quelquefois, été hanté du même idéal. L'auteur des *Rapsodies hongroises* se déclare, pourtant, au

moins en théorie, l'adversaire, non du style de virtuosité de Thalberg, auquel il rendait justice, mais du genre de sa musique.
Comme on portait aux nues devant lui la fantaisie du pianiste
allemand sur la prière de *Moïse*, il affirma qu'il n'y avait là que
procédés et formules, sans véritable développement musical. Bien
mieux, en quelques heures, il brochait un long morceau du même
ordre sur le vieux thème : « Ah! vous dirai-je, maman. » Les
connaisseurs ne purent s'empêcher de rire à cette démonstration si
spirituellement faite et qui n'atteignait, en Thalberg, que le compositeur. Thalberg apprit, dit-on, la plaisanterie et en eut grand'-
peine. Mais il n'en garda pas moins sa popularité.

Soyons justes pour cette école d'idéal mesquin, mais d'interprétation audacieuse et qui fit du piano un véritable orchestrion.
Les croissantes exigences des virtuoses obligent les facteurs à donner à l'instrument une variété de timbres, un velouté, un éclat
qui le rendent propre à rendre toutes les expressions et en font,
aujourd'hui, un instrument magique, aux mains des symphonistes.

Mais revenons un peu en arrière pour mieux ressaisir l'ensemble du mouvement. Sachez que, sur ces entrefaites, au mois de
décembre 1839, les salons Pleyel ne sont plus rue Cadet, mais
bien rue Rochechouart. Lorsqu'il vous arrivera d'y assister à une
soirée musicale, regardez avec respect cette estrade, dressée depuis
un demi-siècle révolu. C'est là que Liszt, Chopin et tous les plus
illustres ont triomphé. C'est là qu'ont débuté des maîtres comme
César Franck, comme Rubinstein et comme Saint-Saëns. C'est de
là que s'est élancée à grand vol, au-dessus de nous, la musique
de chambre des classiques glorieux et des modernes. Impossible de
disconvenir que la plupart des donneurs de concerts composent
leurs programmes d'une manière assez insipide. Toujours les
mêmes romances qu'autrefois, sauf quelques élégies nouvelles,
et non meilleures, de Mᶩᶩᵉ Loïsa Puget. Néanmoins, de-ci de-là,

des œuvres ou des fragments d'œuvres classiques sont sur l'affiche. Les frères Franco-Mendès jouent, dans leurs matinées, des pièces de Mozart, d'Haydn, de Beethoven, d'Onslow, de Spohr et de Mendelssohn, « compositeur peu connu du public français ». La *Gazette musicale* organise, annuellement, un concert classique où l'on entend des chefs-d'œuvre comme la Sonate pour piano et violon, dédiée à Rodolphe Kreutzer, et le Quatuor à cordes en *si bémol* de Beethoven. Les puissants efforts de Berlioz dans le domaine symphonique commencent à porter leurs fruits. Le concert Valentino, rue Saint-Honoré, fait en sorte d'initier peu à peu le public à la musique d'orchestre. Reber écrit ses symphonies. Félicien David s'apprête à écrire *le Désert*. Cela n'empêche point, du reste, qu'on ait les oreilles rebattues des sempiternelles cavatines à fioritures, des airs variés et des fantaisies suivant les formules. Le mouvement d'évolution s'accuse, certainement, de très loin, mais il serait puéril de nier qu'il s'accuse. Richard Wagner, qu'il n'est pas dans notre plan d'évoquer ici, est à Paris, où il prépare obscurément quelques-uns de ses grands ouvrages dont sera révolutionné et illuminé le monde musical. On court a un renouveau dont les plus avisés se rendent encore un compte assez vague Voyez plutôt se fonder, en 1845, les concerts classiques du prince de la Moskowa, ou tous les primitifs ont leur place, ainsi que tous les classiques : Palestrina, Pergolèse, Clari, Carissimi, Clément Jannequin, Roland de Lassus. Voyez Mᵐᵉ Wartel organiser des séances régulières de musique de chambre. Voyez s'instituer, sous la direction de Seghers, dans un local de la Chaussée-d'Antin, la « Société de l'Union musicale ». Les symphonistes français qui vont venir ont, par avance, un bon orchestre à leur disposition.

Indiquons, en courant, les pianistes les plus en vue à partir de 1840. Il sied de nommer, en première ligne, Mᵐᵉ Camille Pleyel, née Moke. Cette artiste supérieure avait eu successivement

Mme CAMILLE PLEYEL.

pour maîtres Jacques Herz, Moschelès et Kalkbrenner, puis Camille Pleyel dont elle devint la femme. En outre, elle reçut des conseils de Thalberg, en Russie, et son jeu, sous la direction de ce virtuose, gagna beaucoup en largeur. D'ordinaire, en passant par des écoles diverses, on perd tout principe et l'on demeure incapable d'établir en soi un peu d'ordre et d'unité. Pour Mᵐᵉ Pleyel, il en fut d'autre sorte. Elle sut, à la fois, profiter de toutes les leçons et ne se plia à aucune routine. Elle eut son accent propre ; elle fut personnelle. De longues tournées à travers l'Europe la mirent superbement en relief. A Leipzig, Mendelssohn voulut conduire l'orchestre qui l'accompagnait. A Vienne, Liszt lui offrit son bras pour aller au piano et s'assit auprès d'elle pour lui tourner les pages. Même on l'entendit dire d'elle, à l'issue d'un de ses concerts : « Je sais des pianistes très habiles, qui se sont ouvert de brillantes routes et ont obtenu d'immenses succès par des pratiques à eux familières. Mais il n'existe qu'une seule école appropriée à l'art dans toute son extension, et c'est celle de Mᵐᵉ Pleyel. » Et certes le jugement concorde avec celui qu'on put lire à cette époque, dans les journaux viennois : « Les artistes, les critiques et les vieux amateurs de Vienne ne sont pas encore revenus de la surprise que leur a causée le talent de Mᵐᵉ Pleyel, si pur et si élevé. On n'aurait pas cru qu'une jeune femme, une Française, pût comprendre à ce point la profondeur de sentiment des maîtres du piano. » En vérité, cet étonnement n'a rien qui nous flatte.

A Paris, la virtuose triompha comme ailleurs. Elle était, devant son clavier, calme, souriante, comme nonchalante. Il semblait que les difficultés n'existassent point pour elle, tant elle en avait aisément raison et sans nul effort. Cette grande aisance et sa noblesse de maintien la firent surnommer « la Corinne du piano ». Tenons cette appellation pour surannée, mais consignons fidèlement le témoignage des contemporains, qui font tous de

Mme Pleyel une des grandes individualités du piano vers le milieu du siècle.

C'est en 1840 que César Franck se présente pour la première fois devant le public et brigue les lauriers du virtuose. Son programme a tout lieu de nous surprendre; rien n'y décèle l'instinct de ce maître hardi, puissant, sévère, qui méritera d'être appelé un jour un « Bach français ». La séance s'ouvre par des préludes du jeune compositeur, se poursuit par des œuvres de Kalkbrenner et de Chopin, et s'achève par ce bouquet de feu d'artifice : la fantaisie de Thalberg sur le *Moïse* de Rossini. Nous ignorons ce que l'on a pense de son talent de pianiste. César Franck est destiné à exercer une haute influence sur les concerts par ses compositions, non par sa virtuosité. Nous le tenons pour un des grands artistes dont l'ascendant sur la jeune école française a été le plus manifeste. Dans une notice intéressante, publiée au mois de décembre 1890, peu de semaines après la mort de l'illustre musicien, un de ses plus remarquables elèves, M. Arthur Coquard, a dit excellemment : « Son œuvre aura laissé une trace profonde sur l'histoire de la musique a la fin du xixe siècle. Il avait eu, tout d'abord vers la vingtième année, une periode très productive à laquelle nous devons trois trios, l'oratorio de *Ruth*, et des mélodies charmantes, — notamment un chef-d'œuvre, — *l'Ange et l'enfant*. Dans cette dernière et suave inspiration, Franck entrevoyait pour la première fois ces « Anges » qu'il devait, plus tard, dans *Rédemption*, faire chanter avec tant de bonheur... Mais, après le premier épanouissement, son ardeur se ralentit, du moins en apparence, soit qu'il fût absorbé par les nécessités de la vie matérielle, soit qu'il se recueillît et cherchât sa voie. C'est durant ces années, en effet, qu'il écrivit cette série de grandes pièces d'orgue, véritables symphonies où éclate tout à coup je ne sais quelle parenté avec le grand Bach, dont nous ne trouvions guère l'indice dans les ouvrages précédents. » Aux environs de l'année terrible commence seulement pour Franck la production des œuvres vastes et puissantes qui feront sa véritable gloire, telles que *Rédemption* et surtout *les Béatitudes.* Viennent ensuite les poèmes symphoniques, *les Eolides, le Chasseur maudit, les Djinns* (avec piano principal), et les *Variations symphoniques* pour piano et orchestre, *Psyché,* pour orchestre et chœurs, et la *Symphonie* en trois parties exécutée en 1888 aux concerts du Conservatoire. Sur ces entrefaites le théâtre le tente : il écrit deux drames lyriques : *Hulda* et *Ghisèle,* et, en même temps, il compose son *Quintette en fa mineur* avec piano, son *Prélude, choral et fugue* et son *Prélude, Aria et finale,* deux pages superbes pour piano seul, sa Sonate pour piano et violon dédiée à Eugène Isaye, et son quatuor à cordes. La Société nationale de musique, dont il est le président, se fait honneur d'offrir au public, à la salle Pleyel, la plupart de ces inspirations de l'ordre le plus élevé. Le maître a groupé autour de lui toute une légion de brillants disciples : Henri Duparc, Arthur Coquard, M¹¹ᵉ Holmes, Vincent d'Indy, Camille Benoît, Ernest Chausson, P. de Bréville... Ses pièces pour piano, — pour nous en tenir à celles-la, — ont toute chance de devenir classiques. Et, pourtant, César Franck est mort presque ignoré de la foule, de même que Ch.-V. Alkan, cet autre exemplaire musicien, l'auteur de ces magnifiques « Etudes majeures » et « Etudes mineures » que tout pianiste qui se respecte aura, un jour, parmi les recueils consultés sans cesse, comme *le Clavecin bien tempéré* de Bach et les *Sonates* de Beethoven.

Ch.-V. Alkan! En vérité, lorsqu'on pense à la quasi obscurité dans laquelle on a laissé vivre et mourir ce fier artiste, nous ne pouvons nous tenir de honte. Il avait eu, jadis, un concerto exécuté aux concerts du Conservatoire ; il avait produit un nombre

CÉSAR FRANCK.

considérable de pièces pour piano, d'une richesse d'invention frap-
pante, d'une ampleur et d'une aisance de développements au-
dessus de l'eloge, et parfois d'une saisissante nouveauté d'harmo-
nies. Les vrais musiciens l'admiraient; mais on n'a jamais vu
d'homme plus indifférent aux hommages. Nous nous souvenons
des « Petits concerts » qu'il donnait jadis soit à la salle Pleyel, soit
à la salle Erard, où il faisait entendre, avec une indicible perfection et une impeccable grandeur de style, des compositions de
toute sorte, et principalement des pièces pour piano a pédalier.
On le rencontrait souvent, au déclin de sa vie, toujours vert malgré l'extrême vieillesse, dans un petit salon de la maison Pleyel,
se délectant a exécuter pour lui-même des œuvres à son goût.
La musique etait pour lui une source de jouissances intimes, non
un moyen de satisfaire une vanité. Ce maître mérite d'être cite
auprès de César Franck pour la noblesse des aspirations et l'absolu
desinteressement.

Bien que la présente étude ne doive pas s'étendre aux virtuoses de l'heure actuelle, nous n'hésiterons pas à y saluer le roi
des pianistes vivants, le génie incarné du piano : M. Antoine
Rubinstein. La place qu'il s'est faite est si haute et si définitive
qu'on ne saurait terminer, sans lui consacrer une page, une étude,
où ses seuls maîtres et ses seuls égaux, Liszt et Chopin, sont
évoqués. Ce fut un soir de 1841, dans la salle même de la rue
Rochechouart, que débuta l'enfant prodige, venu tout droit de la
Russie, et la *Gazette musicale* rendait ainsi compte de son premier
concert :

« Nous nous sommes transportés chez M. Pleyel, pour entendre
un petit pianiste âgé de dix ans qu'on a sans doute la prétention
de proclamer « grand homme en herbe ». Toutefois, le jeune
Rubinstein, elève de Villoing, professeur à Moscou, n'a pas la
fatuité ordinaire aux petits phénomènes. Il se met au piano sans
façon et joue aussi nettement que naivement. Un concerto de son

M. ANTOINE RUBINSTEIN.

professeur, une fantaisie de Thalberg sur deux thèmes russes lui ont offert l'occasion de montrer son talent d'exécutant, déjà fort remarquable dans un âge si tendre. S'il n'a pas été à la hauteur de l'expression intime et mystique que réclame la belle élégie *Adélaïde* de Beethoven, la légèreté de sa main enfantine l'a servi dans l'exécution du *Galop chromatique* de Liszt. » Il paraît (c'est M. Oscar Comettant qui a retrouvé ce trait dans un ancien article de journal) que Liszt, ayant assisté à la séance, a complimenté l'enfant et lui a prédit « qu'il aurait plus tard un grand nombre de décorations ». Nous savons qu'Antoine Rubinstein a eu, à cette époque, des conseils de l'incomparable Hongrois. Personne n'ignore l'éblouissante carrière qu'il a fournie.

Comme compositeur, le maître russe relève de l'école allemande. On lui doit des symphonies, dont la plus célèbre est intitulée *l'Océan*, des oratorios, comme *la Tour de Babel*, des opéras, comme *le Démon*, *Néron* et *Feramors*, des concertos pour piano et orchestre, des œuvres très diverses de musique de chambre et une grande quantité de pièces pour piano seul. Bien que l'on reconnaisse partout, dans ce repertoire, des qualités exceptionnelles, des idées parfois très nobles, une conception toujours savante et une mise en œuvre habile et colorée, c'est, surtout, par ses dons merveilleux de pianiste que Rubinstein a prévalu. Les esprits chagrins qui reprochaient a Chopin d'arracher des larmes à ses auditeurs avec un doigté imparfait, lui reprochent volontiers ses inégalités; il est hors de doute que Rubinstein, au piano, est avant tout un musicien et qu'il se laisse emporter par sa fougue plus que ne le voudrait la sagesse des professeurs. On se rappelle comme malgré soi, en l'écoutant, la lettre si curieuse de Camille Pleyel venant d'entendre Beethoven. L'auteur des *Sonates* affrontait d'effrayantes difficultés d'une manière naturelle, nullement pour produire de l'effet, mais pour traduire ses impressions. L'amour du son le possédait

comme l'amour de la couleur possède certains peintres, et il écra-
sait les touches de sa large main, tour à tour lourde et légère.
Camille Pleyel a été, au fond, plus ému de ce jeu que vraiment
satisfait. Plus purement virtuose, Rubinstein est, néanmoins, un
pianiste de l'école de l'émotion et de l'expression par-dessus tout.
Avez-vous oublié la série de concerts historiques qu'il donna vers
1886, dans les principales villes de l'Europe? Il y fut héroïque. La
séance Schumann, en particulier, transporta le plus bel auditoire
qu'on pût voir à Paris. Les *Études symphoniques* apparurent
gigantesques. La *Fantaisie en ut,* dédiée à Liszt, déborda de
passion et de rêve, les *Kreisleriana* furent un enchantement. Le
piano, sous ses doigts, devient ample et nourri comme l'orgue,
varié comme l'orchestre. Les timbres ne sont jamais les mêmes.
Ah! le prodigieux coloriste! On ne pense plus à l'exécution. On
ne pense qu'aux poèmes qu'il fait s'epanouir dans l'air.

Mais voici encore un petit prodige devenu un maître supérieur
et l'orgueil de notre école : M. Camille Saint-Saëns. Nous ne
saurions, non plus, sans injustice, ne point faire ici sa part à ce
vivant dès longtemps fameux. Sa mère, en 1846, a convoqué les
amateurs dans son propre salon pour le faire entendre. Il a dix
ans. Son maître, M. Stamaty, l'a pris sous son patronage et le
seconde en jouant avec lui une sonate de Mozart à quatre mains
et en conduisant le double quatuor d'accompagnement quand il
exécute un concerto de Hummel et le concerto de Beethoven en
mi bémol. Ajoutez a ce programme plusieurs fugues de Bach,
interprétées d'une façon surprenante. Le succès est si vif qu'on
croit devoir faire débuter l'enfant devant le grand public, cette fois
à la salle Pleyel. Il charme tout le monde par sa facilité, sa force,
la diversité des nuances et par le sentiment. On en parle à l'envi
dans les cercles d'artistes et même dans le public, si bien que
l'Illustration publie son portrait. C'est, certainement, le premier
portrait qu'on ait dessiné de lui.

M. Saint-Saens, à l'âge de seize ans, ne se contente plus d'être un virtuose. La société de Sainte-Cecile exécute son *Ode à sainte Cécile*, pour orchestre, solo et chœurs et sa Symphonie en *la mineur*. Nous voyons par les feuilles de l'époque que l'accueil fut bienveillant de la part de la foule, médiocre de la part de la critique.

La *Gazette musicale* n'est pas très satisfaite : elle juge que la jeunesse de l'auteur ne se laisse point assez voir. « A défaut de haute inspiration, dit-elle, ou d'eclairs de genie, on voudrait que le jeune auteur montrât un peu plus de fougue, d'élan, fut-ce même quelques-uns de ces écarts qui décèlent, chez un homme, le désir de se creer une personnalité. » Qui oserait prétendre aujourd'hui que M. Saint-Saens ne s'est pas assure une place au rang des vrais maîtres? Avec quel art merveilleux il sait tirer parti de ses themes et conduire ses idées, même secondaires. Il a aborde tous les genres et donné, en tous, des ouvrages qui resteront. On ne peut citer sans admiration sa *Messe de Requiem*. son oratorio *le Déluge*, dont la seconde partie est une merveille de mouvement descriptif, son superbe opera de *Samson et Dalila*, ses pittoresques et si spirituels poèmes symphoniques, à commencer par la *Danse macabre*. Sa symphonie en *ut mineur*, pour grand orchestre, avec adjonction d'orgue et de piano, doit être considérée comme un chef-d'œuvre. Ses quatre concertos pour piano et orchestre comptent parmi les plus beaux qui aient été écrits. Et je ne parle pas de sa prestigieuse virtuosite sur le piano et sur l'orgue. M. Saint-Saens est, sans contredit, le musicien qui fait le plus d'honneur à son pays, a cette heure, et, mieux encore, à son art.

Hélas' combien ont disparu en l'honneur de qui, maintes fois, les applaudissements retentirent' Stephen Heller, compositeur exquis de la lignée de Schumann et de Chopin, virtuose voluptueux dont on vantait « la sonorité onctueuse et persuasive ». Litolff, talent supérieur qui ne sut point se défendre contre les embûches de la vie et ne se souvint plus, dans sa vieillesse, des

LÉO DELIBES.

belles audaces de ses jeunes années. Alfred Jaëll, au toucher suave,
au style tendrement expressif. Théodore Ritter, si sûr de lui, si
habile à faire parler le clavier, et, suivant le dire de M. Marmontel,
obtenant les plus larges vibrations sans violence, arrivant à
la suprême finesse sans mièvrerie et faisant sous ses doigts jaillir et
rejaillir les inspirations des maîtres. Nous ne pouvons oublier la
rencontre que nous fîmes un matin de ce vigoureux pianiste : « Je
n'ai jamais tant travaillé, nous dit-il, ni avec autant de cœur. Je
crois que je suis en train de faire de grands progrès. » Trois jours
après, il était mort.

Le deuil, ici-bas, est toujours près de la joie, et ceux-là
sont encore dignes d'envie qui ont connu l'heure triomphante.
Nous avons vu partir, en ces dernières années, des musiciens tels
que César Franck, Edouard Lalo, Léo Delibes, Ernest Guiraud, et
nous les avons pleurés. Cependant l'art ne s'arrête point dans son
éternelle marche. A force de temps, de patience, d'efforts soutenus
des artistes, le public s'est transformé. Nous n'avons guère fait
allusion, dans ces notes, à ce qui s'est passé au théâtre ; mais
voyez de quelle succession d'ouvrages dramatiques le goût du
public a subi l'influence. De la *Muette de Portici* à *Guillaume
Tell,* aux *Huguenots,* à la *Juive,* à *Faust,* aux *Troyens,* à *Hamlet,*
à *Samson et Dalila,* à *Carmen,* à *Lakmé,* au *Roi d'Ys,* à *Sigurd,*
quel chemin parcouru ! Toutes les tendances se sont renouvelées.
L'impulsion est partie tout ensemble de chez nous et de l'étranger.
Beethoven a été notre premier initiateur symphonique ; Wagner
nous a ouvert de grands horizons. Que ne devons-nous pas, au
demeurant, à Berlioz, à Gounod, à Franck, à Lalo, à M. Reyer,
à tous ceux qui ont cherché leur voie en dehors des routes banales
et qui ont affirmé l'existence d'une France de musiciens? Au
concert, tout a changé. Le sérieux est venu. Plus de variations
puériles sur des motifs d'opéras, plus d'artificielles compositions
uniquement faites pour les doigts des virtuoses. Chacun essaye

d'élever son niveau et y parvient. Nous avons des sociétés de quatuor, des associations musicales sans reproche. Les vaines roulades des cantatrices ont fait leur temps. Sans doute, on nous inflige souvent des programmes bigarrés, mais encore ce bigarré

ERNEST GUIRAUD.

laisse-t-il place au moins à des fragments d'œuvres de maîtres. Schumann, Mendelssohn ont acquis droit de cité chez nous, comme Mozart, Beethoven et Schubert. Toutes les curiosités sont de mise, mais le style musical est désormais hors d'atteinte. Le respect de la musique règne chez nous presque partout.

Le lecteur a pu voir se dessiner, au concert, l'évolution musicale sous la double apparence de la composition et de l'interprétation. La composition est devenue plus serrée et plus simple;
l'interprétation plus naturelle, plus expressive et plus souple En
avançant dans notre travail, les faits ont révélé le concours apporté
à l'œuvre générale par la vaillante et progressive Maison Pleyel.
Sous la direction de M. Gustave Lyon, elle est digne de son passé
illustre, et l'on est sûr qu'elle s'associera toujours à toute tentative
d'art. C'est mieux qu'une manufacture de pianos d'une sonorité
que chaque artiste s'assimile et modifie par son doigté et son
emploi des pédales, c'est un centre de vie artistique, un foyer de
production toujours ardent et rayonnant.

L. DI FOURCAUD.

L'ART MODERNE A LA SALLE PLEYEL

Nous nous proposons d'examiner ici, d'une façon précise et rapide, le rôle joué par la salle Pleyel dans le mouvement musical contemporain, d'en faire ressortir l'importance et l'utilité, de rappeler les services qu'elle a rendus, l'influence qu'elle a exercée, de déterminer enfin la part qu'elle a prise dans les manifestations si intéressantes qui ont signalé la grande évolution dont l'art musical a été l'objet pendant le demi-siècle qui vient de s'écouler.

Caractériser sommairement les progrès accomplis durant cette période de cinquante années, rappeler les noms de tous les grands virtuoses, français ou étrangers, qui ont choisi la salle Pleyel pour se faire connaître au public parisien, ceux des compositeurs qui y ont fait entendre leurs œuvres, énumérer les nombreuses et importantes sociétés musicales qui en ont fait le centre et le rendez-vous de leurs travaux, grouper enfin, dans une vue d'ensemble. tous les faits, toutes les manifestations, tous les incidents artistiques auxquels elle s'est trouvée mêlée et dont elle a été le théâtre, — tel est le but que nous avons poursuivi et que nous nous sommes efforcé d'atteindre, en restant dans les limites de la plus rigoureuse exactitude.

I

LA MUSIQUE INTIME. — LES SOCIÉTÉS DE QUATUOR ET DE MUSIQUE DE CHAMBRE.

La modernité du mouvement musical et son caractère sérieux s'accusent, dès 1849, par l'apparition d'une Société de concerts symphoniques organisée sur le modèle de celle du Conservatoire et fondée sous le titre de l'Union musicale. C'est en 1828. on le sait, qu'Habeneck, avec l'aide puissante de Cherubini, alors directeur du Conservatoire, avait lui-même fondé cette admirable Société des concerts, célèbre aujourd'hui dans le monde entier et dont les séances, etonnamment recherchées dès l'origine, révélèrent au public parisien les fulgurantes beautés des chefs-d'œuvre de Beethoven.

Vingt ans plus tard, un artiste fort distingué, Manera, fondait, sous le titre d'Union musicale, une société du même genre, qui prenait bientôt celui de Société de Sainte-Cécile et passait sous la direction de Seghers. Malheureusement, le public n'était pas mûr encore pour une entreprise de ce genre, et après quelques années d'efforts intelligents, mais infructueux, la Société Sainte-Cécile dut se dissoudre. Pourtant elle n'en avait pas

LA SALLE PLEYEL.

moins préparé le terrain, et de la façon la plus heureuse, si bien que lorsqu'en 1861 Pasdeloup vint, sur des bases autrement larges, fonder ses Concerts populaires, il trouva un public non seulement pour l'écouter, mais pour l'acclamer et l'accueillir avec l'enthousiasme que l'on sait; l'idée avait fructifié, et cette fois elle réussit au delà de toute espérance. On peut dire qu'en ce qui concerne la vulgarisation de la grande musique classique, le service rendu par Pasdeloup est inappréciable.

Pasdeloup ne pouvait manquer d'avoir des émules et des imitateurs. Ce fut d'abord M. Lamoureux, qui, après nous avoir fait connaître, dans des séances d'une incomparable beauté et dont le succès fut vraiment éclatant, quelques-uns des plus admirables oratorios de Bach et de Hændel, *la Passion selon saint Mathieu, le Messie, Judas Macchabee*, fonda ensuite ses concerts du Cirque des Champs-Élysées, où, tout en faisant sa grande part à l'élément classique, il s'est attaché d'une façon toute particulière à vulgariser les œuvres de Richard Wagner. Ce fut plus tard M. Colonne, qui, après avoir été le partenaire de M. Lamoureux dans les séances de musique de chambre que celui-ci avait établies précédemment à la salle Pleyel, organisa à son tour les concerts de l'Association artistique, d'abord au théâtre de l'Odéon, où l'on entendit pour la première fois l'une des œuvres les plus exquises de M. Massenet, *Marie-Magdeleine*, à qui le public fit véritablement fête, puis dans la salle du Châtelet. Ici, ce fut surtout Berlioz qui se vit en honneur, et l'on se rappelle, entre autres, le prodigieux succès de *la Damnation de Faust*, dont une centaine d'exécutions n'a pas encore épuisé l'enthousiasme des auditeurs. Toutefois si l'œuvre de l'un et de l'autre procède de celle de Pasdeloup, il est permis de regretter qu'ils l'aient fait un peu dévier, d'une part en n'accordant à nos jeunes artistes qu'une part un peu trop mince sur leurs programmes, de l'autre en élevant le prix des places à un taux qui enlève à leur double entreprise tout caractère populaire. Il n'en reste pas moins qu'ils contribuent

puissamment à généraliser le goût de la grande musique et à faire
l'éducation du public. Il n'est pas inutile de rappeler aussi les
efforts faits dans le même sens et pendant plusieurs années par

M. CHARLES LAMOUREUX.

M. Danbé. Avant de devenir chef d'orchestre de l'Opéra-Comique.
M. Danbé avait, lui aussi, dirigé des concerts symphoniques très
suivis et justement remarqués. On ne saurait enfin, sans injustice,
négliger de mentionner ici les très beaux concerts d'orgue et

d'orchestre que M. Alexandre Guilmant, qui est un organiste et un compositeur de premier ordre, donne chaque année dans la vaste salle du Trocadéro.

Mais ce n'est pas seulement dans le sens de la musique symphonique que les progrès du goût public se faisaient sentir. La musique de chambre, la musique de quatuor, dont le caractère plus intime, plus raffiné, est aussi plus difficilement accessible, trouvait de son côté de nombreux adeptes, grâce à d'excellents artistes qui employaient tous leurs efforts à en faire connaître et apprécier les beautés, beautés toujours diverses, tantôt empreintes de grâce et de délicatesse, tantôt sévères et males et d'une grandeur atteignant au sublime. Il serait difficile d'énumérer au complet les sociétés de musique de chambre, toutes remarquables, qui se sont formées à Paris depuis quarante ans, et qui toutes ont trouvé un public intelligent, éclairé, digne de les comprendre et heureux de les applaudir C'est toujours à la salle Pleyel, si bienveillante et si hospitalière que se réunissaient ces aimables compagnies d'artistes, qui ne se contentaient pas toujours d'offrir a leurs auditeurs les chefs-d'œuvre consacrés par les grands noms d'Haydn, Mozart, Boccherini, Beethoven et Mendelssohn, mais qui les mettaient en communication avec les œuvres plus récentes de maîtres étrangers, et aussi avec les productions intéressantes dues à nos compositeurs français. On apprit ainsi a connaître peu à peu les noms de Schumann, Schubert, Raff, Brahms, Damcke, Rosenhain, Edouard Grieg, Gernsheim, Rubinstein, Tschaïkowsky, Borodine, en ce qui concerne les étrangers, et, pour ce qui est des nôtres, on put apprécier successivement les compositions en ce genre de Félicien David, Onslow, Henri Reber, Léon Kreutzer, Auguste Morel, César Franck, Ed. Lalo, et plus tard de MM. Saint-Saëns, Benjamin Godard, Georges Pfeiffer, Gabriel Fauré, Ch.-M. Widor, Emile Bernard, Charles Dancla, Gastinel, Charles Lefebvre, Paul Lacombe et bien d'autres dont les noms m'échappent. Ce mou-

vement relatif à la musique de chambre, à l'attrait qu'elle offre
au public et à l'empressement que lui témoigne celui-ci, est assurément l'un des plus intéressants et des plus curieux que l'on
puisse enregistrer, étant donné le caractère de cette musique.

M. ÉDOUARD COLONNE.

dégagée de tout élément artificiel, sérieuse jusqu'en ses fantaisies,
et dont les caprices mêmes ne sauraient s'allier à la frivolité.

Il faut dire aussi que la perfection apportée par nos diverses
sociétés dans l'exécution des œuvres présentées par elles n'excitait
pas moins l'admiration et la sympathie que la valeur même de ces
œuvres. Dans l'interprétation d'une telle musique, quelles que

soient d'ailleurs ses difficultés techniques, — et souvent elles sont
très grandes, — toute recherche, toute apparence, toute pensée
même de virtuosité doit disparaître. Avec la couleur et le sentiment, les qualités requises sont, avant tout, la correction et l'élégante sévérité du jeu, la largeur du phrasé, la noblesse de l'accent
et l'inaltérable sûreté de l'ensemble, auxquelles il faut joindre

M. JULES DANBÉ.

l'intelligente compréhension et le rendu exact du style de chaque
maître. Ce sont là précisément les qualités qui distinguent aujour-
d'hui nos artistes, et l'on peut dire que nulle part, à l'heure présente, la musique instrumentale de chambre n'a d'interprètes plus
intelligents, plus fidèles, et tout ensemble plus soucieux et plus
proches de la perfection.

C'est au grand violoniste Baillot qu'on doit l'introduction en

France de la musique de quatuor, car les admirables séances qu'il donna pendant plus de vingt ans avec Vidal, Urhan et Norblin avaient pris naissance en 1814. Mais il faut arriver aux environs de 1850 pour voir le mouvement se généraliser et le public prendre véritablement goût à cette musique, qui exige chez l'auditeur une initiation réelle et le sentiment de la sereine

M. JULES GARCIN.

beauté dans l'art. A partir de ce moment les manifestations se multiplient, variées, de tendances diverses, mais toujours sérieuses et intéressantes. Depuis lors, en effet, et jusqu'à l'heure présente, combien n'a-t-on pas vu de sociétés de quatuor, toutes excellentes, s'installer à la salle Pleyel et y réunir des auditoires choisis, aussi difficiles sur le caractère et la valeur des œuvres qu'attentifs aux moindres détails de leur exécution? Ce fut d'abord le fameux quatuor Alard, Adolphe Blanc, Casimir Ney et Franchomme, avec ces excellents pianistes qui avaient nom Charles-Valentin Alkan, Francis Planté et Louis Diémer. Il serait difficile sans doute d'imaginer une plus admirable réunion de virtuoses, plus aptes à saisir le vrai style des maîtres et à rendre leur pensée dans toute sa pureté. Dans le même temps, MM. Maurin, Sabatier, Mas et Chevillard se faisaient initiateurs en se donnant spécialement pour tâche de familiariser le public avec les derniers grands quatuors de Beethoven, peu connus encore en France et considérés à cette époque comme presque incompréhensibles ; lorsque le piano se joignait à eux, il était aux mains d'Ernst Lubeck, de Mme Massart ou de Théodore Ritter. Puis c'étaient MM. Armingaud, Edouard Lalo, Mas et Léon Jacquard, qui, plus volontiers, et avec le concours de pianistes tels que M. Saint-Saëns et Mme Massart, se faisaient les élégants interprètes de Mendelssohn. Quelques années plus tard prenait naissance le quatuor de MM Lamoureux, Colonne, Adam et Rignault, où le piano était confié alternativement a MM. Henri Fissot et Albert Lavignac. Sous le titre de « Société des trios anciens et modernes », MM. de La Nux, White et Lasserre donnaient aussi des séances fort intéressantes. Et bientôt surgissait, sous la gracieuse appellation de Quatuor Sainte-Cécile, un aimable quatuor féminin composé de Mlles Marie Tayau, Altmeyer, Maleyx et Mme Prins-Claus, avec Mlle Laure Donne et Mme Cœdès-Mongin comme pianistes. Enfin, dans ces dernières années, nous avons eu le quatuor de MM. Marsick et Loys, avec le concours si précieux de Mme George Hainl, la Société de musique française fondée par M. Edouard Nadaud, le « Quatuor de la fondation Beethoven » de MM. Geloso, Capet. Montheux et Schneklud, la résurrection de l'ancien quatuor Maurin et Mas avec le concours de M. Cros-Saint-Ange ; le quatuor de MM. Raoul Pugno, Paul Viardot et Hollman ; les séances de MM. Brun et Laforge ; enfin le quatuor de MM. Berthelier et

Loëb, avec le concours de M. I. Philipp comme pianiste. On ne saurait oublier de signaler d'une façon particulière les quatre séances de musique de chambre données l'année dernière par le quatuor belge dirigé par le grand violoniste Ysaye ; dans ces quatre séances, qui ont attiré un public si nombreux, M. Ysaye et ses partenaires, MM. Crickboom, Van Hour et Jacob, ont fait entendre

Mᵐᵉ GEORGE HAINL (MARIE POITEVIN).

des œuvres d'Alexis de Castillon, de César Franck et de MM. Vincent d'Indy, Gabriel Fauré et Ernest Chausson. Remarquons d'ailleurs que les séances de musique de chambre se multiplient de telle façon que, pour être agréable aux artistes, la maison Pleyel, Wolff et Cⁱᵉ a fait construire récemment une seconde salle de concerts, d'un caractère tout à fait intime, et plus spécialement réservée à ce genre de musique. Et malgré tout, elle a encore le regret de ne pouvoir satisfaire aux demandes et aux désirs de tous.

Mais on ne saurait s'occuper de musique de chambre sans signaler d'une façon toute particulière la Société de musique de chambre pour instruments à vent, fondée il y a quinze ans par MM. Taffanel, Gillet, Turban, Brémond, Espaignet et de Bailly. Il y avait là, au moins en ce qui concerne la France, un essai d'une incontestable nouveauté et d'un caractère particulièrement intéressant. Il s'agissait de donner au public une impression d'art qui lui était encore presque inconnue, en même temps que de le familiariser avec un repertoire très riche et dans lequel on rencontre de véritables chefs-d'œuvre. Et je ne parle pas seulement ici du Septuor de Beethoven ou de celui de Hummel, dont les habitués de nos grands concerts ne pouvaient ignorer l'existence, mais de certaines pièces profondement oubliées de Bach ou de Rameau, de la délicieuse Serenade de Mozart, de la jolie *Sinfonietta* de Raff et de bien d'autres œuvres de haute valeur et de grand intérêt. L'excellente société a puisé à pleines mains dans le repertoire étranger, mettant ou remettant en lumière nombre de compositions de Boccherini, Weber, Schubert, Lachner, Schumann, ainsi que des œuvres plus recentes de MM. Carl Reinecke, Rubinstein, Brahms, Anton Dvorak, Klughardt, Hartmann, etc. Mais elle ne s'en est pas tenue là, et elle a offert à nos musiciens français, qui d'ailleurs, profitant des moyens mis à leur disposition, se sont mis à travailler à l'envi pour elle, une large et genereuse hospitalité. Sans parler de l'exquise *Petite Symphonie* de Gounod, de l'Ottetto de M. Theodore Gouvy, de la Tarentelle de M. Saint-Saens, du Divertissement de M. Emile Bernard, elle a fait connaitre une foule de compositions signées des noms de MM. Charles Lefebvre, Benjamin Godard, Georges Pfeiffer, Adrien Barthe, Louis Diémer, Gabriel Pierné, Périlhou, Lazzari, Anselme Vinée, Alary, Thuille, Erhardt, Mme de Grandval... La Société a pour pianiste attitré et pour collaborateur très actif M. Louis Diémer, qui parfois s'est fait suppléer par un de ses meilleurs élèves, M. Édouard Risler. Mais il va sans dire que lorsqu'elle avait besoin, ce qui était souvent le cas, de s'adjoindre des auxiliaires étrangers pour

M. PAUL TAFFANEL.

l'exécution de telle ou telle œuvre, principalement en ce qui concerne les instruments à cordes, elle voyait aussitôt répondre à son appel des artistes comme MM. Berthelier, Carembat, Balbreck, Trombetta, Loÿs, Loëb, etc. Dans de telles conditions, et étant donné le talent exceptionnel de chacun de ses membres, il est facile de se rendre compte de la supériorité dont elle fait preuve. Aussi peut-on dire que les six séances qu'elle donne chaque année à la salle Pleyel sont vraiment exquises, et qu'elle s est formé un public qui la suit avec une sympathie et un intérêt toujours croissants. Et son succès ne s'est pas borné a Paris seul, car il a été aussi éclatant à l'étranger qu'ici même ; la supériorité de nos artistes s'est pleinement affirmée lorsqu'ils ont eté appelés en Allemagne et en Russie. où leur triomphe a été complet [1].

Par ce qui vient d'être dit, on peut se rendre compte de l'influence considérable que nos sociétés de quatuor ont pu exercer sur le mouvement musical actuel. Il était nécessaire de caractériser cette influence. de rappeler les efforts de tous ces artistes qui, par leur interprétation exquise de la musique de chambre, ont modifié le goût du public en lui dévoilant des beautés dont il n'avait pas conscience, en lui ouvrant de nobles et vastes horizons, en lui inspirant le dédain de la musique facile ou frelatée a laquelle jusqu'alors il etait accoutumé, et qui ont ainsi contribué pour une large part aux progrès de l'art moderne et à l'évolution qu'il a subie depuis plus d'un quart de siècle. Mais ceux-la ne doivent pas nous faire oublier les grands virtuoses, les artistes à la fois brillants et sévères qui, eux aussi, par leurs qualités de style et d'inspiration, par leur superbe compréhension des maîtres, par les jouissances elevées qu'ils nous procurent, ont droit à l'attention et a la reconnaissance. Après Rode et Baillot, après Hummel et Heller, apres Liszt et Chopin. après tous ces poètes, tous ces charmeurs, tous ces enchanteurs, d'autres sont venus, qui ont à leur tour charmé, ravi, enchanté leurs auditeurs, et qui ont tenu, eux aussi, un rôle important dans le grand mouvement qui emporte la musique vers ses destinées nouvelles.

C'est de ceux-là que nous allons nous occuper maintenant.

1. Chef d'orchestre de la Societe des concerts et de l'Academie nationale de musique, M. Taffanel vient, de plus, d'etre nomme professeur de flute au Conservatoire.

II

LES GRANDS VIRTUOSES A LA SALLE PLEYEL. — PIANISTES,
VIOLONISTES, VIOLONCELLISTES, ETC.

Certain jour de l'année 1845, comme Chopin entrait dans la
maison Pleyel, avec laquelle ses relations étaient étroites et familières, il fut reconnu par un tout jeune artiste étranger complètement obscur encore, qui lui-même était venu pour faire choix d'un
instrument. L'occasion était tentante. Le jeune homme, quoique
un peu timidement, s'approcha de l'illustre pianiste, se nomma,
et lui demanda la faveur de se faire entendre de lui. Assez habitué
à de semblables sollicitations, et malheureusement de la part
d'artistes trop souvent médiocres, Chopin consentit pourtant et,
d'un air quelque peu indifférent, se prépara à écouter l'inconnu.
Mais bientôt son attention fut éveillée par des qualités peu communes, par le charme d'une exécution non seulement élégante et
sûre, mais très personnelle, par une recherche de nouveauté qui
ne laissa pas de le surprendre, bref par une originalité réelle et

très sincère, exempte de toute excentricité et de tout charlata-
nisme, et qui révélait, à n'en pas douter, un tempérament véritablement artistique. Agréablement surpris, Chopin témoigna à son
jeune confrère toute sa satisfaction, lui donna quelques conseils
qui furent accueillis avec reconnaissance, et l'engagea vivement
à se produire et à se faire connaître. Celui-ci, dont on comprend

M. J. SCHULHOFF.

la joie devant un tel résultat, n'hésita plus en effet ; quelques
semaines plus tard il donnait un concert qui lui valait un succès
très brillant, et le public apprenait le nom d'un pianiste qui ne
devait pas tarder à devenir célèbre. Ce pianiste, c'était M. Jules
Schulhoff, qui, de Prague, était venu à Paris terminer son éducation, et qui ne devait guère moins se faire remarquer comme compositeur que comme virtuose plein de charme et d'élégance.

Rougeron Vignerot sc.

Mᵐᵉ DE SERRES (CAROLINE MONTIGNY RÉMAURY).

Elle serait longue à établir, la liste des pianistes étrangers qui, depuis quarante ou cinquante ans, sont venus demander à Paris la consécration de leur talent et de leur renommée, et se sont fait connaître à la salle Pleyel. Le premier qui s'impose à l'attention et qu'il faudrait signaler serait assurément l'admirable artiste qui a nom Antoine Rubinstein, dont il a déjà été question dans ce livre et que je n'ai plus à apprécier ici. Je ne saurais pourtant me dispenser de rappeler l'impression profonde que produisit Rubinstein lors du premier voyage qu'il fit a Paris, tout enfant, avec son maître Villoing. C'était en 1840, et il était à peine âgé de dix ans. Il avait, dès l'année précédente, donné son premier concert à Moscou, et l'on pense le succès que son talent naissant lui avait valu de la part de ses compatriotes ! Ce fut un étonnement et un enchantement général lorsqu'on l'entendit exécuter ici — avec quelle assurance et quel sentiment rare à cet âge ! — des œuvres de Bach, Beethoven, Hummel, Chopin et Liszt. Ce dernier, présent à la séance, était émerveillé et fit fête à l'enfant, en lui prédisant le plus brillant avenir. On sait si la prédiction s'est accomplie. Combien de noms, après celui-là, seraient à citer, a commencer par M. Hans de Bulow, qui, avant de devenir le fameux chef d'orchestre wagnérien que l'on sait, était certainement, comme pianiste, l'un des interprètes les plus puissants, les plus vigoureux et les plus fidèles du mâle génie de Beethoven. Auprès de M. Hans de Bulow il faudrait nommer Ernst Lubeck, ce Hollandais qui adorait la France, grand artiste et artiste inspiré, au jeu sympathique et plein de couleur, au talent aussi solide que brillant, qui traduisait avec une élégance tout ensemble pleine de charme et de vigueur les grands maîtres de la musique classique, tout en ayant la compréhension la plus fine et la plus délicate des œuvres de l'école moderne. Puis le Norvégien Tellefsen, élève du grand Chopin, pour qui son dévouement était sans bornes et dont il semblait avoir hérité de certaines qualités tendres et mélancoliques, non seulement comme virtuose, mais aussi comme compositeur, car il fit entendre ici de jolies sonates et des compositions remarquables de musique de chambre. Puis encore l'Autrichien Alfred Jaëll, qui, s'il manquait peut-être un peu de personnalité, ne manquait du moins ni de grâce ni de distinction. La Belgique nous

M. ARTHUR DE GREEF.

envoyait Lemmens, qui devint un organiste de premier ordre; Magnus, qui plus tard se consacra exclusivement à l'enseignement; Joseph Franck, le frère aîné de César Franck, qui, comme lui, devint un organiste distingué; Auguste Dupont, didacticien remarquable et professeur émérite, qui forma au Conservatoire de Bruxelles toute une légion de virtuoses; et plus récemment M. Ar-

thur de Greef, artiste délicat et charmant, au jeu plein de grâce et
de finesse, qui est lui-même aujourd'hui professeur dans cet établissement et que M. Édouard Grieg, le poétique compositeur
scandinave, choisissait dernièrement, comme en étant le meilleur
interprète, pour faire connaître ses œuvres au public parisien.
M. de Greef a donné, entre autres, une série de récitals historiques d'un intérêt puissant, dans lesquels il passait successivement en revue les différentes époques de la musique de piano. De
Pologne nous arrivait un artiste aussi fort intéressant, M. Michel
Bergson, qui bientôt prenait la direction du Conservatoire de Ge-
nève; puis deux membres de cette grande famille musicale des de
Kontski, les deux frères Antoine et Stanislas; sans parler de
M. Joseph Wieniawski, frère du grand violoniste, pianiste plein
d'élégance qui, après avoir fait son éducation musicale en France,
est devenu professeur au Conservatoire de Bruxelles, et de Jules
Zarembski, qui était son collègue dans cet établissement. M. Louis
Breitner, Autrichien comme Alfred Jaell, a obtenu comme lui de
vifs succès ici, si bien qu'il s'est fixé parmi nous et s'y fait applaudir
chaque année. Deux Italiens, M. Giuseppe Martucci, artiste de premier ordre qui est aujourd'hui directeur du Lycée musical de Bo-
logne, et M. Ravera, l'un et l'autre compositeurs, se sont fait aussi
justement remarquer À signaler encore MM. Louis Coenen. Hollandais; Charles Agghazy, Hongrois; Henri Ketten, autre Hongrois,
élevé et instruit en France, et dont la carrière si courte fut si brillante; Moritz Rosenthal, Autrichien; Bonnewitz et Moritz Mosz-
kowski, Allemands; Mansour, Égyptien, et surtout Gottschalk,
le grand pianiste américain, qu'on ne saurait oublier sans une
véritable injustice. On voit qu'il nous en venait de tous les points
du monde, et des plus éloignés.

Parmi les femmes, la plus célèbre, sans contredit, est Mme Szarvady (Wilhelmine Clauss), née à Prague, comme M. Schulhoff, pianiste de premier ordre, au jeu brillant et coloré, plein de grâce et

de délicatesse, qui, déjà fameuse à l'étranger dès ses plus jeunes années, vint débuter à Paris avec le plus grand succès sous les auspices de Berlioz, et depuis lors ne l'a jamais quitté. Mme Szarvady,

Mme SZARVADY (WILHELMINE CLAUSS).

qui ne se contente pas d'être une virtuose d'un talent exceptionnel, mais qui est aussi une musicienne profondément instruite et versée dans la connaissance des chefs-d'œuvre, n'a pas été étrangère, par son excellent exemple, au mouvement qui a ramené nos artistes et notre public au culte des grands maîtres, qu'elle interprète avec un style superbe et d'une façon magistrale. On en eut, entre autres, une preuve éclatante lors des belles séances de musique de chambre qu'elle donna naguère à la salle Pleyel avec le fameux quatuor des frères Müller, de Brunswick, dont la renommée était si grande en Allemagne; tous ceux qui assistèrent à ces séances purent apprécier la grandeur et la noble sévérité du talent de Mme Szarvady.

Mais les pianistes n'étaient pas les seuls, parmi les étrangers, qui venaient se faire applaudir à la salle Pleyel. Les violonistes, et parmi eux les plus fameux, s'y produisirent aussi en grand nombre. Je n'ai pas à caractériser ici le talent de ces grands artistes, dont il suffit de citer les noms justement célèbres : Vieuxtemps, Léonard, Joachim, Sivori, et aussi Bazzini et Réményi. D'autres, fort distingués, sont à mentionner auprès d'eux : d'abord MM. Jenò Hubay et François Ondricek, deux artistes hongrois de premier ordre; puis M. Léopold Auer, leur compatriote, aujourd'hui professeur au Conservatoire de Saint-Pétersbourg; M. Sighicelli, un Italien depuis longtemps fixé à Paris; M. Johannes Wolf, un artiste hollandais dont la notoriété s'est faite rapidement; M. Ovide Musin, un Belge qui fait fortune en Amérique; deux Anglais, Alfred et Henri Holmès, dont le premier, Français de cœur et compositeur remarquable, s'était enfermé à Paris pendant la guerre et y avait écrit une symphonie sur le siège de Paris et une cantate intitulée *Jeanne d'Arc;* enfin MM. Guido Papini, Eugène Huber, Théodore Nachez, Lauterbach, Mauhin et Mlle Bertha Haft.

Les violoncellistes non plus ne nous ont pas manqué. C'est Joseph Servais, le chef de l'école belge et l'un des plus célèbres de ce temps, et ses deux compatriotes, Jules de Swert et Ernest de Munck; c'est Jacques Franco-Mendès, virtuose de la musique du roi de Hollande, et Joseph Hollman, Hollandais aussi; c'est David Popper, artiste d'un ordre exceptionnel, né en Bohême et fixé en Russie, d'où sa renommée s'est répandue sur toute l'Europe;

ce sont les Italiens Alfred Piatti, Gaetano Braga et Casella. qui se disputent entre eux la prééminence; et encore Sébastien Lée. Sigmond Bürger. Lœwenberg, Johann Reuchsel... Enfin, parmi les instrumentistes étrangers que la salle Pleyel nous a fait connaître,

M. LOUIS BREITNER.

il faut mentionner encore le flûtiste Dumon, l'excellent harpiste Félix Godefroy, et trois jeunes artistes norvégiens, sœurs et frère, Mlles Hanka et Margrethe et M. Gerhard Schjelderup, l'une pianiste, l'autre violoniste et le dernier violoncelliste.

Mais il va sans dire que si tous les artistes étrangers se don-

naient rendez-vous à la salle Pleyel pour convier le public à leurs
séances. les nôtres ne se faisaient pas faute de s'y montrer pour
faire connaître et apprécier leur talent. On peut le croire d'autant
plus que. en ce qui concerne le piano particulièrement, il est per-

M. A. MARMONTEL.

mis d'affirmer que notre école française est l'une des premières du
monde et que, depuis longtemps déjà, elle forme l'objet des sympa-
thies de tous ceux qui prennent intérêt aux progrès de l'art national.

Un nom s'impose aussitôt à l'attention lorsqu'il est question
de cette école, dont la supériorité s'affirme d'une façon si éclatante :

celui de M. Marmontel, dont l'enseignement merveilleux et prolongé pendant près d'un demi-siècle a formé au Conservatoire toute une légion d'artistes de premier ordre. dont la plupart sont devenus célèbres. Sans parler de ceux qui. depuis lors, se sont

M. GEORGES MATHIAS.

livrés surtout à la composition, comme Georges Bizet, Ernest Guiraud, MM. Paladilhe et Théodore Dubois, qui ne connaît les noms de MM. Planté, Alphonse et Edmond Duvernoy, Louis Diémer. Henri Fissot, Francis Thomé, Lavignac, Camille Bellaigue, Gabriel Pierné. Charles René, à côté desquels il faut encore citer ceux de MM. Delahaye, Dolmetsch, Thibaud, Henri Ketten, Paul Chabeaux, Bourgeois, Berthemet, Léon Delafosse, Servantes, Suiste, Jimenez, Mesquita, Braud, Chansarel, Courras, Galeotti, Reitlinger... Pendant longtemps M. Georges Mathias a

M. E. M. DELABORDE.

partagé avec M. Marmontel l'enseignement de nos jeunes pianistes au Conservatoire ; lui aussi a formé tout un groupe d'élèves distingués, parmi lesquels MM. I. Philipp, Trago, O'Kelly, Calado, etc., qui sont devenus de remarquables artistes et qui répandent aujourd'hui les excellentes traditions de notre grande école. Tous deux ont aujourd'hui pour successeurs, l'un, M. Charles de Bériot,

fils du fameux violoniste de ce nom et de Marie Malibran, la plus
grande cantatrice que le monde ait pu jamais admirer, l'autre.
M. Louis Diémer, pour qui, fort heureusement, la carrière du
professeur n'a pas interrompu celle du virtuose, à telles enseignes

M. LOUIS DIÉMER.

que les succès du pianiste ont été doublés chez lui de ceux du cla-
veciniste, grâce à la très heureuse reconstitution de l'ancien clavecin faite par la maison Pleyel et qui est devenue l'objet
de l'étude et de l'attention de nombreux artistes. Leurs col-
lègues au Conservatoire, pour les classes féminines, sont M. Dela-

borde, interprète si sûr et si grandiose du génie de Beethoven et de la poésie de Schumann, que l'on regrette de ne pas voir pro-duire en public avec plus de fréquence un talent fait de souplesse, de vigueur et d'élégance ; M. Fissot, qui semble malheureusement

M. HENRI FISSOT.

avoir renoncé depuis longtemps aux applaudissements; et M. Alphonse Duvernoy. que ses préoccupations de compositeur éloignent aussi du public d'une façon fâcheuse.

Parmi tous ceux qui se sont fait applaudir à la salle Pleyel, il faut surtout rappeler le souvenir de Camille Stamaty, artiste d'un ordre exceptionnel, qui fut le maître de Gottschalk et de M. Saint-

Saëns et l'un des premiers à faire entendre à Paris les œuvres du vieux Bach, qu'il exécutait avec autant de perfection que celles de Mozart et de Beethoven. Quant à M. Saint-Saëns lui-même, cet artiste prodigieux n'a pour ainsi dire jamais cessé, en dépit de

M. FRANCIS PLANTÉ.

ses travaux si nombreux et si importants de composition, de se tenir personnellement en contact avec le public et de provoquer ses applaudissements. Je me garderai de chercher à apprécier ici un talent si universellement connu et reconnu; je me bornerai à faire remarquer que non seulement M. Saint-Saëns ne laissait à personne le soin de présenter ses œuvres au public, qu'il ne manquait jamais de se faire son propre interprète, mais encore qu'il avait plaisir à se produire comme simple virtuose, en jouant soit quelques pièces de Bach, soit un concerto de Beethoven ou de Schumann, soit toute une série de concertos de Mozart, comme il le fit en 1864, où, dans

M. RAOUL PUGNO.

une suite de six séances avec orchestre, il exécuta douze concertos de ce maître. Quant à M. Francis Planté, sa place est à part dans le mouvement de la virtuosité moderne, et il l'a marquée de telle façon que nul ne saurait songer à la lui disputer. Interprète admirable des plus illustres, M. Planté a surtout une prédilection toute particulière pour le génie et les œuvres de Chopin, qu'il traduit en véritable poète, avec une étonnante perfection et une originalité saisissante. Il est certainement l'un des plus grands artistes de ce temps fertile en grands artistes, et si l'on a le regret de ne plus le

THÉODORE RITTER.

voir se produire en public, du moins peut-on tenir pour certain que ceux qui l'ont entendu ne l'oublieront jamais. M. Georges Pfeiffer, comme M. Saint-Saëns, s'est fait souvent l'interprète de ses propres compositions, tout en prenant plaisir à déployer son talent dans la maîtresse exécution de quelques œuvres de grands classiques. Peu d'artistes, d'ailleurs, ont produit davantage et dans des genres plus divers, et avec des concertos et sonates de piano, des symphonies, des trios, quatuors et quintettes. des ouvertures, des mélodies vocales, il a fait entendre encore a la salle Pleyel divers fragments d'oratorios et d'opéras Parmi tant de pianistes qui sollicitaient l'attention et qui méritaient de l'éveiller, on ne saurait oublier l'excellent Théodore Ritter, artiste exquis, au jeu plein de charme et de séduction, mort si jeune au plus brillant de ses succès, et il faut signaler d'une façon toute particulière les noms de MM. Widor et Raoul Pugno, dont il serait superflu de faire autrement l'éloge.

Pour ce qui est des femmes, j'aurais vraiment trop a faire s'il me fallait caractériser le talent de chacune de ces grandes artistes qui ont été ou sont encore l'honneur de l'art français : Mmes Louise Mattmann, Joséphine Martin, Clara Pfeiffer, Tardieu de Malleville, Massart, Edouard Lyon, Béguin-Salomon, Tarpet, qui, toutes, ont formé ou forment encore d'excellentes élèves; Mme de Serres (Caroline Remaury), dont on connaît les éclatants succès aux concerts du Conservatoire; Mme Marie Jaell, qui, dans une séance donnée avec le concours de l'orchestre Colonne, exécuta ce tour de force de faire entendre successivement quatre concertos de M. Saint-Saens; Mme Berthe Marx, qui est la digne partenaire de M. Sarasate; Mme Roger-Miclos, qu'on est heureux d'applaudir chaque année aux concerts Colonne et Lamoureux; Mme George Hainl (Marie Poitevin), si intéressante et si recherchée pour l'exécution de la musique d'ensemble; Mme Bordes-Pène, pianiste attitrée de la Société nationale de musique, qui a fait connaître les plus importantes œuvres de piano de César Franck. Toutes aussi remarquables dans la solide interprétation de la musique classique que dans l'exécution pleine d'élégance et de charme des œuvres modernes, elles ont de dignes et intéressantes émules dans la personne de Mmes Herman, Mitault-Steiger, Jossic-Jaeger,

Mlles Laure Donne, Marguerite Hamman, Cécile de Monvel, Rose Depecker. Madeleine Ten-Have, etc.

Il est juste de dire que nos violonistes ne le cédaient en rien à nos pianistes. Pendant vingt ans, la salle Pleyel a retenti des

Mme MARIE JAËLL.

accents si élégants, si tendres et parfois si vigoureux du violon d'Alard. Celui-là ne craignait aucun rival, c'était un maître dans toute l'acception du mot, un maître par le goût, par la grâce et par le style, et sa classe si brillante du Conservatoire a prouvé que chez lui le talent exquis du virtuose n'enlevait au professeur aucune de ses précieuses qualités enseignantes. C'est de cette classe qu'est sorti précisément M. Sarasate, qui est assurément le plus grand violoniste de l'heure présente et qui joint au style le plus noble, le plus pur et le plus délicat une maîtrise étonnante et un ensemble d'exécution tel qu'il atteint la perfection. On se rappelle le succès qu'il obtint l'année dernière à la salle Pleyel, dans une des séances de la Société de musique de chambre pour instruments à vent, pour son exécution admirable de l'admirable septuor de Beethoven. M. Charles Dancla a été, lui aussi, pendant longues années, l'hôte assidu de la salle Pleyel, où son frère, M. Léopold Dancla, s'est fait entendre, comme lui, en plus d'une occasion. M. Garcin, bien avant d'être violon-solo à l'Opéra et chef d'orchestre de la Société des concerts du Conservatoire, s'y est produit de son côté à diverses reprises, en exécutant même des morceaux de sa composition. Ce furent encore MM. Chaîne, Armingaud, Léon Lecieux, Ad. Herman; puis MM. Boulart, White, Léon Reynier, Taudou, Alterman, Brindis, Lelong, Telesinski, Marsick, Lamoury, sans compter une artiste charmante, Mlle Marie Tayau, qui était vraiment douée de toutes les grâces musicales. Deux faits assez curieux sont ici à constater. Je remarque, sur le programme d'un concert donné en 1861 par M. Hammer, que ce concert « aura lieu avec le concours de son élève, M. Benjamin Godard, âgé de onze ans », lequel joue en effet, au cours de cette séance, une fantaisie de son maître sur un opéra de Verdi. D'autre part, sur le programme d'un autre concert, donné aussi en 1861 par M. A. Ropicquet, violoniste de l'Opéra, je vois mentionné un trio de Brod pour piano, hautbois et basson, dans lequel la partie de piano est tenue par M. Massenet, et, sans doute à titre de plaisanterie, un « Caprice » pour violon, piano et... clochettes, exécuté par l'auteur et MM. Massenet et Barthélemy. Il est permis de supposer que MM. Massenet et Godard ont perdu l'un et l'autre le souvenir de ces deux petites solennités.

Violonistes et violoncellistes, cela se touche et se confond presque. Parmi ces derniers, le public en a pu entendre beaucoup

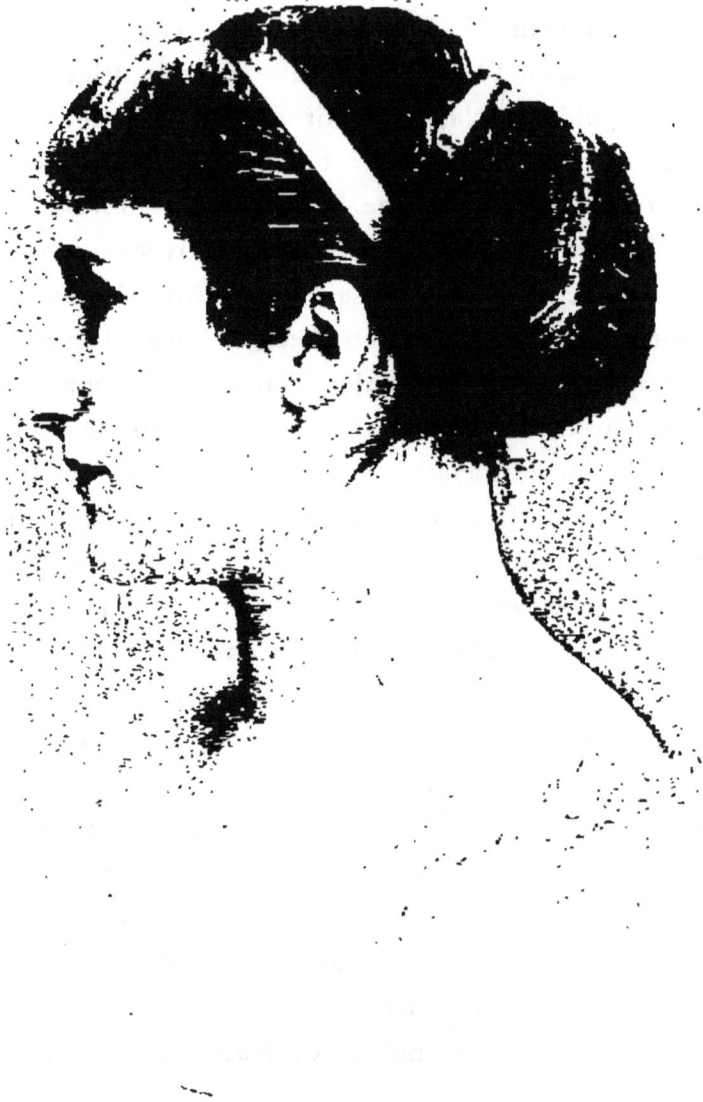

Mᵐᵉ M. ROGER-MICLOS.

aussi à la salle Pleyel, dont quelques-uns sont devenus célèbres. Celui dont il faut avant tout rappeler le souvenir, c'est Franchomme, le digne et noble partenaire d'Alard dans ses belles séances de musique de chambre, l'artiste au jeu si large et si puissant, qui était l'interprète si fidèle et si sûr des grands maîtres classiques. En même temps que Franchomme on avait Norblin, dont le talent distingué n'avait point à souffrir de ses goûts prononcés de numismate, puis Chevillard, le collègue de Franchomme au Conservatoire, puis Seligmann, artiste voyageur qui se fit applaudir par toute l'Europe, puis Ernest Nathan, qui n'était guère moins mobile que lui. Un peu plus près de nous, c'était Léon Jacquard, au jeu plein de fermeté et d'élégance, et Lebouc, et M. Auguste Tolbecque, grand amateur d'instruments de toute sorte et possesseur de la plus intéressante collection particulière qui existe en France sous ce rapport, et Sébastien Lee, qui fut violoncelle-solo à l'Opéra, et M. Lasserre, qui de bonne heure alla se fixer en Angleterre et qui occupe aujourd'hui à Bordeaux une situation très importante. Plus près encore, c'est-à-dire aujourd'hui, c'est M. Delsart, le digne successeur de Franchomme, comme lui virtuose superbe et professeur accompli, et auprès de lui MM. Loys, Loeb, Rabaud, Cros-Saint-Ange et Papin, dont on ne saurait faire trop d'éloges.

III

LES COMPOSITEURS ET LEURS ŒUVRES.

On pourrait dire qu'il n'est en quelque sorte pas un compositeur français dont les œuvres n'aient été entendues à la salle Pleyel
ou souvent même ils avaient plaisir à les produire pour la première fois. On peut citer jusqu'aux plus glorieux et aux plus
illustres, à commencer par M. Ambroise Thomas, naturellement
attiré par ses liens de parenté avec le dernier directeur, le regretté
Auguste Wolff, aussi bien qu'avec M. Gustave Lyon, le directeur
actuel, et M. Charles Gounod, vieil ami de la maison, qui lui doit
le baptême humoristique d'un de ses enfants; car c'est M. Gounod
qui a appliqué le nom de « crapaud » à un petit modèle de piano à
queue sorti des ateliers Pleyel, et qui n'est plus aujourd'hui désigné que sous cette appellation. Les noms de Thomas et de Gounod
paraissent à chaque instant sur les programmes des deux cents
concerts donnés annuellement à la salle Pleyel, et si on y a

applaudi fréquemment l'adorable chœur des nymphes de *Psyché*, on n'y a pas fait moins bon accueil aux compositions que l'auteur de *Faust* y a fait entendre pour la première fois. Particulièrement, c'est là qu'il a fait connaître divers morceaux spécialement écrits

ÉDOUARD LALO.

par lui pour piano pédalier, entre autres une belle *Suite concertante* en quatre parties, pour piano et piano pédalier, exécutée par M. Diémer et Mme Lucie Palicot, aussi bien que sa magistrale fantaisie sur l'*Hymne russe*.

Pour ce qui est de M. Saint-Saëns, dont il faut parler ensuite,

on pourrait suivre le développement de sa carrière de compositeur
presque exactement et pas à pas, à l'aide des seuls programmes de
la salle Pleyel. Ceci en dehors du théâtre, bien entendu. Cet
artiste extraordinaire, qui a abordé tous les genres et qui les a

M. VICTORIN JONCIÈRES.

traités tous de main de maître, en multipliant ses productions avec
une invraisemblable fécondité, y a fait entendre, en effet, la plupart de ses œuvres les plus intéressantes : ses symphonies, ses
concertos de piano et de violon, ses sonates, ses trios, quatuors et
quintettes, ses suites diverses, et jusqu'à ses mélodies vocales, si

savoureuses et si caractéristiques. On a pu voir ainsi se développer
jour à jour et s'épanouir enfin ce talent magistral, fait de savoir et
d'inspiration, ce génie clair et lumineux qui depuis vingt ans n'a
cessé de grandir, qui fait aujourd'hui la gloire de la France et

M. THÉODORE DUBOIS.

l'admiration de l'Europe entière et qui place M. Saint-Saëns à la
tête du grand mouvement musical moderne. Parmi les œuvres si
nombreuses qu'il a fait entendre à la salle Pleyel, il en est quelques-unes d'un caractère particulièrement original, entre autres le
fameux septuor de *la Trompette*, composition unique en son genre,

spécialement écrite pour la société qui porte ce titre de « la Trompette », et la fantaisie étonnante intitulée le *Carnaval des animaux*.
Le septuor, qui réunit, avec la trompette, deux violons, alto, violoncelle, contrebasse et piano, obtient ce résultat que la sonorité
stridente de l'instrument principal, loin de produire aucune vio-

M. BENJAMIN GODARD.

lence et de faire contraste avec celle de ses six compagnons, se fond
au contraire dans l'ensemble de la façon la plus naturelle et la plus
heureuse. Quant au *Carnaval des animaux*, « grande fantaisie
zoologique », c'est une débauche d'esprit comme on n'en a que
bien peu d'exemples en musique, si tant est qu'on en rencontre un
de ce calibre. Écrite pour deux pianos, deux violons, alto, violon-

celle, contrebasse, flûte, clarinette, célesta et xylophone, cette
composition bizarre et charmante, débordante d'humour et de
gaieté, comprend quatorze morceaux, tous très courts, dont chacun
porte un titre caractéristique : 1. *Introduction et marche royale du
Lion* (style persan), où la majesté du roi du désert est dépeinte par
les plus graves accords du piano et du quatuor à cordes; 2. *Poules
et coqs*, dont les gloussements, les caquettements et les discussions
intimes sont imités de la façon la plus comique; 3. *Hémiones*,
« animaux veloces », dont la course rapide est representée par les
gammes filantes et les arpèges ruisselants du piano; 4. *Tortues*, à
la marche lente et compassée, en opposition avec les précédentes,
confiée encore au piano, aidé du quatuor, mais dans un autre style ;
5. *Éléphant*, ici, la fantaisie est poussée jusqu'au plus haut
comique; la pesanteur du puissant pachyderme est naturellement
représentée par les ronflements sonores de la contrebasse, son sosie
musical, qui ensuite, pour le mieux pourtraicturer, exécute de la
façon la plus suave... la *Danse des Sylphes* de Berlioz; 6. *Kan-
guroos*, qui dansent, sautent et bondissent sur le piano, en des
écarts fantastiques et comme s'ils étaient en pleine forêt; 7. *Aqua-
rium*, petit tableau exquis, où le piano et le célesta, soutenus par
les violons et les flûtes, semblent avoir entre eux la conversation
la plus animée et la plus attachante; 8. *Personnages à longues
oreilles*, descendants du placide compagnon de Sancho Pança, dont
les braiements sont reproduits au naturel par l'ensemble des instruments à cordes; 9. *Coucou au fond des bois*, représenté par une
clarinette qui imite l'oiseau moqueur et que le piano accompagne
de trilles rossignolants; 10. *Volière*, tous les ramages confus
d'oiseaux de toutes sortes, confiés à tout l'ensemble instrumental,
violons et flûtes dominant tous leurs compagnons; 11. *Pianistes*,
animaux représentés au naturel par deux artistes dont l'habileté
ne saurait être trop grande, étant donnée la besogne très délicate
et très difficile dont ils sont chargés; 12. *Fossiles*, qui se réveillent

de leur long sommeil par l'intermédiaire du xylophone, en faisant entendre une sorte de pot-pourri d'airs connus accompagnés par les cordes, la clarinette et le piano; puis vient : 13, le *Cygne*. dont le col onduleux et souple, l'allure solennelle et majestueuse

M. GEORGES PFEIFFER.

se résolvent en un superbe solo de violoncelle, d'un caractère plein de noblesse et de grandeur, et pour terminer : 14. le *Finale*. où tous les animaux, pianistes compris, se réunissent dans une sarabande échevelée, chantant, criant, sautant, hurlant tous à la fois dans un ensemble vertigineux et fou, jusqu'au moment où.

alors qu'on s'y attend le moins, le silence se fait tout à coup et l'œuvre est brusquement terminée, à la stupéfaction des auditeurs, qui éclatent en bravos. L'auteur n'a pas voulu livrer à l'impression cette composition étonnante, qui exige des exécutants une virtuosité exceptionnelle, sans laquelle elle perdrait toute sa saveur et deviendrait incompréhensible; le *Carnaval des animaux* n'est donc point publié, bien que son succès ait pris des proportions formidables toutes les fois qu'il a été entendu. Parmi les œuvres que M. Saint-Saëns a fait connaître à la salle Pleyel, il faut citer encore le beau concerto pour piano et orchestre intitulé *Africa*, que l'auteur a écrit l'hiver dernier à Alger et qui a obtenu tant de succès sous les doigts de Mme Roger-Miclos, a qui l'œuvre est dédiée, et le *Scherzo* pour deux pianos, si brillamment exécuté par MM. Diémer et Risler.

Après lui il faut citer Édouard Lalo, qui s'était conquis, lui aussi, une place importante, grâce à des compositions de musique de chambre d'une belle ordonnance et d'un style remarquable. Si Lalo n'avait pas la puissante fécondité de M. Saint-Saëns, s'il ne possédait ni sa grande maîtrise ni son étonnante dextérité, il se distinguait néanmoins par de hautes et solides qualités, et il fut l'un des champions les plus justement respectés de la jeune école Il serait sans doute superflu de faire remarquer que chaque jour voit inscrire sur les programmes des concerts les noms du très regretté Ernest Guiraud, de M. Ernest Reyer, dont les opéras sont souvent mis à contribution, de M. Théodore Dubois, dont les compositions de piano sont empreintes d'une si exquise élégance; de M. Victorin Joncières, l'auteur de *Dimitri* et du *Chevalier Jean*, dont on exécute surtout avec succès de beaux chœurs d'un excellent effet; de M. Benjamin Godard, qui voit accueillir avec une faveur toujours égale des productions de genres si divers ; de M. V. d'Indy, qui dirige lui-même, chaque année, l'exécution de ses œuvres dans les séances de la Société nationale de musique.

Puis, c'est M. Widor, artiste de premier ordre, lui aussi, et M. Alexandre Guilmant, producteur infatigable, tous deux nourris de la moelle des lions, c'est-à-dire familiers avec tous les grands maîtres, et dont les œuvres intéressantes et inspirées font appré-

M. CH. M. WIDOR.

cier les qualités solides, brillantes et élevées. Je n'ai plus rien à dire de M. Georges Pfeiffer, dont il a été question déjà plus haut. Mais il me faut bien rappeler les noms de quelques aînés de tous ces artistes : Léon Kreutzer, neveu du grand violoniste, qui faisait exécuter une grande symphonie et un concerto pour piano et orchestre; M. Charles Dancla, l'un des professeurs de violon au Conservatoire, qui faisait entendre chaque année, à la salle Pleyel, quelques-uns de ses trios, quatuors et quintettes pour instruments à cordes; son collègue, M. Eugène Sauzay, qui, avec une « symphonie rustique » pour petit orchestre, présentait au public de jolis intermèdes ecrits pour *George Dandin* et *le Sicilien* de Molière; M. Wekerlin, qui produisait ses grandes compositions symphoniques ou vocales : *les Poèmes de la mer, l'Inde, le Jugement dernier, Prométhée,* le Psaume 145; M. Henri Ravina, qui exécutait en personne, avec un talent et un succès dont nul n'a perdu le souvenir, ses concertos et ses études de piano.

Et combien encore, parmi ceux de nos compositeurs qui ont pris une part plus ou moins importante dans le mouvement de l'art moderne et dont les œuvres ont été entendues à la salle Pleyel, seraient à mentionner ici ! M. Francis Thomé, a qui l'on doit une tentative intéressante et curieuse, celle qu'il a faite avec *la Fiancée du Timbalier,* de Victor Hugo, en enveloppant en quelque sorte dans une harmonie instrumentale légère et colorée les vers d'une poesie simplement déclamée; M. Edouard Broustet, qui a fait applaudir de jolies compositions de musique de chambre; MM. Ketterer, Charles Poisot, Emile Ratez, Adolphe David, Théodore Lack.

Et pour ce qui concerne les étrangers, combien d'artistes distingués sont venus successivement, depuis un demi-siècle, nous familiariser avec leurs œuvres ! Ce fut d'abord Fétis, le prédécesseur de M. Gevaert dans la direction du Conservatoire de Bruxelles. C'est ici, en effet, que Fétis, qui depuis longtemps n'avait pas fait parler de lui sous ce rapport, vint faire entendre ses dernières compositions de musique de chambre. A la même époque un artiste allemand, Damcke, produisait aussi nombre d'œuvres de ce genre. On en vit beaucoup d'autres à leur suite. En premier lieu, M. Jules Schulhoff, dont j'ai déjà eu l'occasion de

parler, M. Schulhoff, compositeur plein de grâce et d'originalité
comme il était virtuose plein de charme et de poésie, qui exécutait
lui-même sa belle sonate de piano en *fa* mineur, ses ballades, ses
caprices, ses polonaises, ses mazurkas, et dont les concerts étaient

M. FRANCIS THOMÉ.

avidement suivis par les amateurs, ces concerts dans lesquels,
remarque curieuse et intéressante à faire, le piano d'accompagnement était tenu par Léo Delibes, tout jeune homme alors et qui
certes était loin de prévoir qu'il serait un jour membre de l'Institut.
Auprès de M. Schulhoff, il faut rappeler Tellefsen, dont on enten-

dit, entre autres, de jolies sonates; un autre Scandinave, le Danois
Asger Hammerick, aujourd'hui directeur de l'Institut musical
Peabody à Baltimore, qui produisit ici, avec quelques morceaux
de divers genres, des fragments d'un opéra intitulé *Tové*, qu'il a
fait représenter depuis lors en Amérique, où il a fait exécuter aussi
une *Symphonie tragique,* une *Symphonie majestueuse* et un

M. ÉDOUARD GRIEG.

Requiem; un musicien néerlandais, Samuel de Lange, qui se pré-
senta au public avec diverses pièces de piano, une sérénade pour
instruments à cordes, un trio pour piano, violon et violoncelle et
un concerto de violoncelle; Œschner, compositeur fécond qui se
fit connaître par des trios et des quatuors pour piano et instruments à cordes, des sonates pour piano et violon et d'heureuses
mélodies vocales; Bonewitz, Allemand aujourd'hui établi à Phi-

ladelphie, qui fit apprécier aussi son talent dans de solides œuvres de musique de chambre ; le brillant pianiste Joseph Wieniawski, qui était son propre interprète en exécutant son concerto en *sol* mineur, sa belle sonate, ses grandes valses de concert et sa Polonaise triomphale. Puis c'était encore Michel Bergson, Moritz Moskowski, Ferdinand Dulcken, N.-T. Ravera. Giuseppe Martucci, Magnus, Esposito, Félix Pardon, sans compter une intéressante jeune fille, Mlle Juliette Folville. Je terminerai cette énumération par le nom d'Edouard Grieg, le compositeur norvégien dont la réputation est aujourd'hui européenne et qui a obtenu parmi nous des succès que justifiait si amplement son talent plein de charme, de saveur, de poésie et d'originalité. C'est a la salle Pleyel que M. Grieg se fit entendre pour la première fois à Paris, en donnant plusieurs concerts avec le concours de Mme Grieg. Lorsque ensuite il voulut faire connaître ses grandes œuvres de piano. principalement son concerto en *la* mineur et sa sonate avec violoncelle, il en confia l'interprétation à M. Arthur de Greef, qui en fit ressortir a souhait le style et les beautés. Les mélodies vocales de M. Grieg, d'un parfum si personnel et si pénétrant, donnaient aussi une haute idée du talent du compositeur à qui l'on doit tant d'œuvres remarquables, entre autres une belle ouverture de concert, une curieuse suite d'orchestre et la musique écrite pour les deux drames de ses compatriotes Ibsen et Bjœrnsœn : *Peer Gynt et Bergliot*.

Mᵐᵉ BORDES-PÈNE.

IV

LES GRANDES ASSOCIATIONS MUSICALES : SOCIÉTÉ DES COMPOSITEURS; SOCIÉTÉS SAINTE-CÉCILE, CHORALE D'AMATEURS, BOURGAULT - DUCOUDRAY, EUTERPE; SOCIÉTÉ DES SYMPHONISTES; SOCIÉTÉ NATIONALE DE MUSIQUE.

Il me reste maintenant à faire connaître certaines manifestations artistiques, fort intéressantes et de caractères très divers, dont la salle Pleyel a été ou est encore le théâtre, et qui étaient dues à différents groupes d'artistes animés de sentiments particuliers et poursuivant chacun un but précis et déterminé; car on peut dire que la musique s'est produite de toutes les façons, sous toutes ses formes et tous ses aspects, dans ce milieu si propice à l'art et si dévoué à tout ce qui s'y rattache.

On a vu plus haut que toutes les sociétés de musique de chambre qui, depuis un demi-siècle, se sont formées à Paris, venaient, sans exception, demander l'hospitalité à cette salle hospitalière. Mais elle a été le siège de bien d'autres sociétés musicales à tendances sérieuses et élevées, qui toujours l'ont trouvée prête à seconder leurs efforts et à les aider de tout son pouvoir.

L'une des premières en date a été la Société des compositeurs. qui a eu successivement à sa tête, comme présidents, Auber, M. Ambroise Thomas, Henri Reber, Vaucorbeil, Edmond Membrée, MM. Saint-Saens et Victorin Joncières. Depuis plus de trente ans qu'elle existe, cette société n'a cessé de donner, chaque année, des seances intéressantes au double point de vue artistique et historique : c'étaient soit des auditions de musique ancienne, des exécutions d'œuvres oubliées ou inconnues, soit des conférences ou entretiens sur des questions relatives à l'art, soit enfin des concerts particulièrement destinés à faire entendre les œuvres couronnées par elle dans les concours qu'elle ouvre périodiquement. Ces concours, destinés d'une part à provoquer l'activité des jeunes musiciens non seulement par l'appât des récompenses qui y étaient attachées, mais surtout par la certitude qu'ils avaient de voir produire leurs œuvres au public à l'aide d'une excellente exécution et de faire connaître ainsi leur nom, de l'autre à encourager l'étude et la production de certaines formes musicales intéressantes, mais oubliées ou trop négligées, telles que le madrigal, la fantaisie instrumentale dans le style classique, la musique d'ensemble pour instruments a vent, etc., avaient leur très grande raison d'être et ont produit d'excellents résultats. C'est ainsi que, grâce à la Société des compositeurs et a ses concours, on a pu entendre à la salle Pleyel nombre d'œuvres importantes dues à des artistes dignes du plus vif intérêt et pour la plupart encore inconnus du public, entre autres MM. Paul Lacombe, André Messager, Colomer, Léon de Maupeou, Emile Bernard, Vergnion,de Saint-Quentin, Edmond d'Ingrande, Georges Marty, Henri Busser, Anselme Vinée, Henry Cohen, Boellmann, Alexandre Luigini, Deloffre, Tingry, Charles Dancla, et MM. Georges Pfeiffer, Taffanel, Jeanmougin, Adam Laussel, Koszul, Lucien Lambert, Auguste Chapuis, Julien Tiersot, Honnoré, Mme de Grandval, Renaud-Maury, Marie Jaëll, Augusta Holmès, Ferrari, Cécile Chami-

nade, etc. Il n'est pas sans doute inutile, en parlant de la Société
des compositeurs, de faire remarquer que, non seulement elle
donne tous ses concerts à la salle Pleyel, mais qu'elle a son siège
à la maison Pleyel, Wolff et Cⁱᵉ, où les pièces nécessaires à ses

Mᵐᵉ E. HERMAN.

séances et au logement de sa nombreuse bibliothèque sont gracieu-
sement mises à sa disposition. Ce n'est pas tout encore, et les
directeurs de la maison participent depuis longtemps à ses concours
d'une façon effective, en lui offrant chaque année un prix de
500 francs destiné à former la récompense d'un de ces concours.

7

Dans un autre ordre d'idées, on doit signaler la Société de Sainte-Cécile, naguère dirigée par Seghers et que le peu d'empressement du public avait réduite au silence, mais qui, reconstituée sur de nouvelles bases et sans le concours de l'orchestre, par M. Wekerlin, donna pendant plusieurs années à la salle Pleyel toute une série de concerts d'un caractère particulier, d'un intérêt puissant et d'un attrait vraiment exceptionnel. Chacune de ces séances était divisée en deux parties essentiellement distinctes, dont la première était consacrée à des auditions de musique ancienne, oubliée ou inconnue, et la seconde à l'exécution d'œuvres ou de fragments d'œuvres d'auteurs vivants qu'on n'avait pas l'occasion d'entendre ailleurs. L'idée était certainement heureuse, et l'on peut constater qu'elle était réalisée de la façon la plus intéressante et la plus intelligente. Il n'est que juste de dire, en effet, que ces concerts présentaient un intérêt et un attrait exceptionnels; le choix des œuvres, leur variété tant au point de vue historique qu'artistique, enfin les soins apportés à leur excellente exécution, tout concourait à en faire de véritables fêtes musicales, pleines de saveur, et d'un goût à la fois exquis et rare.

Après la Société de Sainte-Cécile, il faut mentionner la Société chorale d'amateurs, fondée et dirigée par Guillot de Sainbris, et une autre société du même genre organisée par M. Bourgault-Ducoudray, qui toutes deux faisaient entendre à la salle Pleyel, dans des conditions remarquables d'exécution, de grandes œuvres chorales du style classique, cantates, oratorios, etc. C'est le même but que poursuit aujourd'hui la société *Euterpe*, autre société chorale d'amateurs, fondée en 1885 par M. Duteil d'Ozanne et placée sous la présidence honoraire de Mᵐᵉ Clara Schumann, tandis qu'elle a pour président effectif un amateur de musique bien connu et extrêmement distingué, M. le général Parmentier. Il faut encore citer la Société des symphonistes, dirigée par M. Deledicque, qui, au contraire des précédentes, était, ainsi que

l'indique son titre, exclusivement instrumentale, et s'occupait surtout de musique d'orchestre. Mais voici venir la plus importante
par ses travaux, la plus militante assurément et la plus active de

Mme MITAULT-STEIGER.

toutes, la Société nationale de musique, fondée en 1871 sur l'initiative et par les efforts de M. Romain Bussine, aujourd'hui professeur au Conservatoire, et qui a pour fière devise : *Ars gallica.*

Celle-ci devait être en effet, dans la pensée de son fondateur, exclusivement consacrée aux progrès et a l'expansion du jeune art français, et l'on peut affirmer que depuis vingt-deux ans qu'elle existe, elle ne s'est pas un instant détournée de sa voie. C'était une excellente idée que celle qui consistait à grouper, à réunir dans une sorte de faisceau toutes les énergies éparses de la jeune école, à concentrer tous ses efforts, à les faire converger sans cesse vers un même but commun, en vertu du principe bien connu que « l'union fait la force ». Sous ce rapport, les statuts de l'association étaient formels, et leur expression était aussi nette que vraiment généreuse: « Le but que se propose la Société, disaient-ils, est de favoriser la production et la vulgarisation de toutes les œuvres musicales sérieuses ; d'encourager et de mettre en lumière, autant que cela sera en son pouvoir, toutes les tentatives musicales, *de quelque forme qu'elles soient*, à la condition qu'elles laissent voir chez l'auteur des aspirations élevées et artistiques. *C'est fraternellement, avec l'oubli de soi-même, avec l'intention bien arrêtée de s'entr'aider de tout leur pouvoir,* que les sociétaires devront concourir, chacun dans la sphère de leur action, aux études et auditions des œuvres qu'ils seront appelés à choisir et à interpréter. » On ne saurait certainement mieux dire, d'une façon plus complète et plus absolue.

Ce sentiment d'aide mutuelle et de fraternité artistique qui avait inspiré les fondateurs de l'œuvre s'affirma résolument dès les premiers jours. On vit tous les artistes déjà connus et hautement appréciés tendre la main a leurs jeunes confrères. à tous les jeunes musiciens qui naissaient à la vie artistique et qui étaient naturellement désireux de se faire connaître : Alexis de Castillon. Octave Fouque, MM. Vincent d'Indy, Henri Duparc, Emile Bernard, Messager, Arthur Coquard, Gustave Marlois, Boellmann, René Lenormand, Chavagnat, Emile Ratez, Chevillard, Chausson. de Breville, Charles Bordes, Lucien Lambert, Lazzari, Falkenberg, Julien Tiersot, Alberic Magnard, et tous nos prix de Rome,

MM. Taudou, Wormser. Samuel Rousseau, Claudius Blanc.
Hillemacher, Dutacq, Alfred Bruneau, Xavier Leroux, Gabriel
Pierné. Georges Hue. Bachelet... Il faudrait d'ailleurs. pour faire
connaître le personnel actuel de la Société nationale de musique
— « la Nationale », comme on dit familièrement, — inscrire ici
les noms de tous ceux qui tiennent une plume de compositeur.

Ce n'est pas ici le lieu de caractériser les tendances qui prédo-
minent actuellement dans les travaux de la société. Mais il suffira,
pour donner une idée de son activité, de la conscience qu'elle
apporte à ses travaux, de la façon dont elle a compris sa mission,
de faire remarquer qu'au cours des vingt-deux années qui se sont
écoulées depuis sa fondation, elle n'a pas donné moins de *deux
cent trente-trois concerts*, dont un certain nombre avec orchestre,
et d'autres encore avec orchestre et chœurs, de sorte que tous les
genres de musique lui sont accessibles et que les œuvres les plus
compliquées et des proportions les plus vastes peuvent trouver
place sur ses programmes. On comprend que l'énumération d'un
si grand nombre de compositions serait impossible ici; mais il
n'est que juste de rendre hommage et à la pensée qui a présidé à la
fondation d'une telle association, et aux très grands services qu'elle
a rendus à ses membres. — Et c'est encore à la salle Pleyel que leurs
œuvres ont été entendues pour une immense part, c'est là que la
Société nationale de musique a trouvé son asile naturel et, avec
l'appui le plus cordial, la plus large hospitalité.

*
* *

Faut-il maintenant rappeler, en terminant, quelques faits particuliers qui se sont produits encore dans cette salle aimable, quelques manifestations artistiques curieuses dont elle a été le théâtre et qui étaient loin d'être sans intérêt ? Telle la série de conférences avec musique que le regretté de Gasperini entreprit un jour sur Haydn, Mozart, Beethoven, Mendelssohn et Schumann. Tel le concert scandinave donné par M. Oscar Comettant au profit de l'Association des artistes musiciens et dans lequel il fit entendre diverses œuvres, pleines de poésie et de saveur, de tous ces compositeurs dont quelques-uns étaient encore complètement inconnus chez nous Kjerulf, Niels Gade, E. Hartmann, Édouard Grieg, Ole Bull, Svendsen, C. Warmuth, J. Selmer, Ansender, Nordraak, L. Schytte. Tel encore cet autre concert, organisé aussi par M. Comettant pour rendre hommage à M. Marmontel, et dans lequel on vit ce fait intéressant : un morceau expressément écrit pour la circonstance par M. Jules Cohen, exécuté sur quatre pianos, *a seize mains*, par huit anciens élèves du maître sortis premiers prix de sa classe du Conservatoire et qui avaient alors fait leur chemin dans le monde : MM. Jules Cohen lui-même, Alphonse Duvernoy, Henri Fissot, Louis Diémer. Paladilhe, Ernest Guiraud, Camille Bellaigue et Gabriel Pierné.

Mais tout ce qui précède me paraît assez substantiel et les faits y parlent assez haut pour qu'il me semble superflu d'insister davantage sur le rôle si utile et si intéressant que la salle Pleyel a occupé, depuis tantôt un demi-siècle, dans l'ensemble de notre mouvement musical, de ce mouvement si intense et si fécond qui, on peut le dire, a mis la France a la tête de la civilisation artistique et l'a placée définitivement au premier rang. Elle a pris sa grande et large part dans ce mouvement, qu'elle n'a cessé d'encourager de tous ses efforts; elle a vu se presenter et se succeder chez elle tous les grands artistes francais ou étrangers qu'entourait la renommée ou qui etaient prêts a la conquérir; l'Europe n'avait pas un seul virtuose célèbre qui ne vint demander à son public la consécration d'un talent partout ailleurs reconnu; enfin, avec les virtuoses, les compositeurs s'y sont donne rendez-vous et y ont produit des œuvres nombreuses, importantes, parfois de premier ordre, et qui ensuite ont rayonné sur le monde musical. Elle a eté, en un mot, un milieu éminemment sympathique a l'art, un centre d'attraction pour cet art dans ses manifestations les plus nobles, les plus pures, les plus elevees, et l'on peut tenir pour certain que ce qu'elle a été dans le passe, ce qu'elle est dans le present, elle ne cessera de l'être dans l'avenir. La salle Pleyel a son caractère, son originalité propre, sa raison d'être, et elle ne negligera rien de ce qui peut les affirmer de plus en plus.

ARTHUR POUGIN.

Liste des lauréats ayant obtenu un premier prix dans les classes de piano du Conservatoire national de musique de Paris, auxquels la maison Pleyel, Wolff et Cie a, depuis 1877, fait don d'un piano a queue.

MM.
- E.-F. Rabaud.
- P -A. Fournier
- H O'Kelly
- Lefour.
- Carlos de Mesquita
- G. Vallejo.
- Chansarel
- Ph. Courras.
- J Jemain.
- Hirsch.

MM.
- O.-J. Berny.
- J.-A. Riera.
- E. Risler.
- De Stojowski.
- G.-C Galland
- J.-M.-E. Baume.
- A.-J.-P. Pierret.
- J.-C Thibaud.
- L. Wurmser
- S.-L. Niederhofheim.

Mlles :
- M Miclos.
- M.-J. Halbronn
- R.-M-J. Colombier.
- C. Silberberg
- M. Moll.
- M. Lebrun.
- J.-M. Haincelin.
- J.-M.-L. Steiger.
- M -C François.
- A.-M.-E.-C Welsch
- M -G.-F. Luzziani.
- De la Mora.
- A.-J.-S. François
- E. Texte.
- M.-J. Lefébure
- M. Panthès.
- M.-L.-J. Seveno du Minil.
- M Jétot.

Mlles
- M Jaeger.
- Dujourcq.
- L Ruckert.
- M -R Weyler
- J.-E.-A. Perissoud.
- F.-J. Chappart.
- R.-L.-A. Allard
- M.-A. Quanté.
- J -R Buval.
- M -C. Long
- A -J.-M. da Silva.
- A. Dieudonne.
- M E. Deldicq.
- M.-L. Dron.
- M.-A Desmoulins
- A -R. Badet.
- E -J -A.-M. Fernet.

PAR LA MAISON PLEYEL, WOLFF ET Cᵉ,
depuis sa fondation en 1807.

1810 **Ignace Pleyel** est nommé facteur d'instruments de *sa Majesté le roi de Westphalie.*

1827 EXPOSITION NATIONALE DE PARIS. *Medaille d'or.* — *Monseigneur Louis-Philippe, duc d'Orléans,* nomme **Ignace Pleyel** son fabricant de pianos a queue.

1829 *Sa Majesté Charles X* accorde à **Ignace** et **Camille Pleyel** le titre de facteurs de pianos de sa Maison.

1831 *Sa Majesté Louis-Philippe* accorde a **Ignace Pleyel** le titre de facteur de pianos du Roi, et à **Camille Pleyel** le titre de facteur de harpes du Roi.

1834 EXPOSITION NATIONALE DE PARIS. *Medaille d'or.* — **Camille Pleyel** est nommé Chevalier de la Légion d'honneur.

1839 EXPOSITION NATIONALE DE PARIS. *Medaille d'or.*

1844 EXPOSITION NATIONALE DE PARIS. *Medaille d'or.*

1849 EXPOSITION NATIONALE DE PARIS. *Hors concours.* — **Camille Pleyel** délégué comme expert par les facteurs de pianos.

1855 EXPOSITION UNIVERSELLE DE PARIS. *Medaille d'honneur.*

1861 EXPOSITION UNIVERSELLE DE METZ. *Diplôme d'honneur.*

1862 EXPOSITION UNIVERSELLE DE LONDRES *Prize Medal.* — **Auguste Wolff** est nommé Chevalier de la Légion d'honneur.

1867 EXPOSITION UNIVERSELLE DE PARIS. *Hors concours* — **Auguste Wolff** membre du Jury.

1872 EXPOSITION UNIVERSELLE DE LYON. *Hors concours.*

1873 EXPOSITION DE VIENNE. *Hors concours.*

1875 EXPOSITION DU CHILI. — *Medaille d'honneur.*

1875 EXPOSITION DE BLOIS. *Diplôme d'honneur.*

1878 EXPOSITION UNIVERSELLE DE PARIS. *Rappel de médaille d'or.*

1881 EXPOSITION MUSICALE DE MILAN. *Medaille d'or.*

1883 EXPOSITION D'AMSTERDAM. *Hors concours.* — **Auguste Wolff**, membre du Jury.

1885 EXPOSITION D'ANVERS. *Diplôme d'honneur.*

1887 EXPOSITION DE TOULOUSE. *Hors concours.* — **Gustave Lyon**, membre du Jury

1887 EXPOSITION DU HAVRE. *Hors concours.* — **Gustave Lyon**, secrétaire rapporteur du Jury des récompenses.

1888 EXPOSITION DE BRUXELLES. *Hors concours.* — **Gustave Lyon**, secrétaire rapporteur du Jury des récompenses.

1888 **Gustave Lyon** est nommé Chevalier de l'Ordre royal de Léopold.

1888 EXPOSITION DE MELBOURNE. *Hors concours.*

1888 EXPOSITION DE COPENHAGUE. *Hors concours.*

1889 **Gustave Lyon** est nommé Chevalier de la Légion d'honneur.

1889 EXPOSITION UNIVERSELLE DE PARIS. *GRAND PRIX.* — *Medaille d'or* (Économie sociale).

1891 EXPOSITION FRANÇAISE DE MOSCOU. **Gustave Lyon**, membre du Jury.

1892 **Gustave Lyon** est nommé Chevalier de l'Ordre royal du Danebrog.

ORGANISATION INDUSTRIELLE

ET SOCIALE

DE LA

MAISON PLEYEL, WOLFF ET CIE

SON HISTOIRE

DE 1807 A 1893

————

I

ORGANISATION INDUSTRIELLE ET COMMERCIALE.

Un grand établissement, c'est un monde en petit. Chaque
période y apporte un développement nouveau; chaque direction
y met en œuvre une idée nouvelle. La maison Pleyel, qui a plus
de trois quarts de siècle d'activité, est un organisme qui a grandi
avec les trois idees modernes : celle de l'art mis à la portée de tous,
celle du progrès industriel, celle de l'amélioration du sort de l'ouvrier. Son histoire est un des chapitres importants de l'histoire
de l'art musical en France. Son organisation non seulement
technique, mais sociale, peut fournir a un économiste philosophe,
comme était Le Play, un des sujets d'etudes les plus complets sur
les rapports normaux du capital et du travail. A l'un comme

à l'autre point de vue, l'établissement Pleyel, Wolff et Cⁱᵉ est un modèle.

C'est le développement industriel de cette maison qui a déterminé les directeurs, préoccupés d'édifier l'avenir sur des bases toujours plus solides, à attacher de plus en plus le producteur à la fortune de son travail. Jetons donc un coup d'œil sur ce qu'est devenue la création d'Ignace Pleyel.

Deux dates et deux chiffres suffisent par leur rapprochement pour en donner l'idée la plus saisissante. En 1813, six ans après la fondation de son atelier de facteur, Ignace Pleyel écrivait à son fils Camille : « J'arriverai facilement à 50 pianos cette année-ci, et peut-être au delà. » Dans une note adressée au jury de la section d'économie sociale de l'Exposition universelle de 1889, les chefs actuels de la maison constataient que sa production et sa vente annuelle varient de 2.600 à 3.000 pianos !

Aussi est-ce un véritable petit bourg que cette usine qui étend dans la plaine Saint-Denis, sur une surface de 55.000 mètres, ses corps de bâtiments à un ou plusieurs étages, ses chantiers, ses hangars, reliés entre eux par les rails d'un chemin de fer sur lequel circulent toute la journée des wagonnets chargés de bois et de pièces ouvrées. Au centre de cette agglomération, trois machines à vapeur, isolées dans un bâtiment spécial, distribuent par des transmissions une force de 200 chevaux. D'un côté du vaste espace que l'établissement occupe en façade sur deux rues, sont groupés les ateliers de fabrication proprement dite; l'autre partie est occupée par les hangars où achèvent de sécher les bois qu'on voit plus loin empilés en hautes masses carrées, semblables à des blockhaus ou a des cabanes primitives.

Ces bois ainsi alignés par quartiers dont les rues se coupent à angles droits méritent qu'on s'y arrête. Là sont réunies toutes les essences dures ou légères, communes ou précieuses, qui entrent dans la composition du piano, depuis sa membrure jusqu'à sa

USINE DE SAINT-DENIS. — UN COIN DU CHANTIER DES BOIS DE CHÊNE.

caisse et aux incrustations dont on enjolive les instruments de luxe. Déjà débités en planches ou en grosses pièces, ces bois attendent, sous leurs toits de tôle, à l'abri des caprices des saisons et des variations de l'atmosphère, le degré de siccité nécessaire Chaque cube de planches est séparé des voisins par un chemin assez large pour permettre le va-et-vient des hommes et des voitures de transport, et aussi, en cas d'incendie, la prompte arrivée des secours. Tout contre les premières piles se trouve le poste où sont réunies les pompes et où veillent en permanence les pompiers, une escouade de près de vingt hommes. Elle se compose de plusieurs ouvriers habitant dans le voisinage de l'usine et de tous les gardiens, qui demeurent dans l'usine même.

Revenons aux bois. Le séchage dure plus ou moins longtemps, selon l'espèce; jamais moins de trois ans. Un seul piano met à contribution les essences des trois parties du monde. Pour le chassis sur lequel sont tendues les cordes on emploiera, à coté des pièces métalliques, le chêne. le hêtre, le tilleul, le sapin, qui viennent de nos forêts françaises et des pays scandinaves, le tulipier et le noyer d'Amérique. Pour la mécanique, c'est-à-dire. l'appareil délicat de la percussion, on met en usage le poirier, le cormier, le charme, l'érable, l'alisier que fournissent les pays méditerranéens, Provence, Italie, Afrique du Nord, et un autre bois d'Amérique, le hickory. Enfin l'ébénisterie, dont l'objet est la caisse exterieure du piano, emploie comme on le sait, de préférence les bois exotiques : palissandre. acajou, poirier. noyer-loupe d'Orient, bois de rose, dont on fait pour les instruments richement décorés des incrustations ou même des buffets entiers.

Au sortir des séchoirs et des hangars, ces bois passent dans les chantiers de scierie, où cent machines, mues par une même transmission, leur donnent les formes des pièces qui, ajustées. collées, garnies, feront le sommier du piano, ou sa table d'harmonie, ou son appareil de percussion, ou le dessous de son clavier.

USINE DE SAINT-DENIS. — ESCOUADE DE POMPIERS.

Nous ne saurions entrer ici dans le détail technique de la fabrication, qui n'intéresserait que les gens du métier, c'est-à-dire ceux qui n'ont rien à apprendre. Mais une visite, même rapide, aux ateliers Pleyel, Wolff et C" entraîne une explication du travail de chaque spécialité.

Voici une forge; la vue de ces puissantes machines, mues par la vapeur, suffit à faire deviner une révolution récente et capitale dans la facture du piano. Assez longtemps après que le *forte-piano* avait remplacé le clavecin, on en était resté aux cordes fines très ténues, au nombre de deux au plus par note. Ces cordes étaient déjà tendues sur une espèce de charpente en bois, nommée comme aujourd'hui barrage, faite d'une série de montants placés à peu près dans la direction des cordes et reliés aux deux extrémités par des pièces transversales qu'on appelait et qu'on appelle toujours sommiers. Quand la musique de piano, telle que la comprirent Liszt et ses contemporains, exigea une plus grande puissance de son, on augmenta le nombre des cordes; de deux par note on arriva à trois et même à quatre dans l'octave supérieure, en augmentant un peu et la longueur, et le diamètre, et la tension. Par suite, le barrage de simple bois devenait trop faible pour supporter sans se déformer une traction dont on n'avait pas idée alors, et qui peut aller, pour l'ensemble des cordes, jusqu'à 24.000 kilos! Cet inconvénient, joint à la difficulté de garder un accord juste, posa la question du renforcement des châssis. On commença par disposer le long du barrage des barres de fer. Cela ne suffit pas. D'essai en essai on arriva à un double barrage ou, pour mieux dire, à un barrage de bois et de fer forgé se doublant exactement. Les pianos Pleyel ont cet avantage sur beaucoup d'autres (surtout les pianos allemands) que la partie métallique est toujours en fer forgé ou en acier coulé, jamais en fonte, qui est beaucoup plus lourde et sujette aux ruptures par suite d'un choc violent ou d'une variation de température.

DÉBIT D'UN TRONC D'ARBRE A LA SCIE VERTICALE.

Le principe de n'employer pour renforcer les barrages que du fer forgé ou de l'acier coulé est une des causes qui donnent aux instruments de Pleyel la plus grande résistance sous tous les climats, même extrêmes. Fétis, qui était une autorité en toute question d'art musical, même technique, constatait, des 1855, ce mérite particulier. Dans le rapport qu'il fit a la suite de la première exposition internationale de Paris, il s'exprime en ces termes : « Un grand progrès de la facture moderne des pianos consiste dans la solidité de l'accord de ces instruments, signe certain d'une bonne fabrication, transportés à des distances considérables par toutes les voies de communication, sans que leur accord soit altéré. A cet égard, la grande maison Pleyel, Wolff et Cⁱᵉ se distingue d'une manière particulière. Ses instruments s'exportent dans les contrées les plus lointaines et les moins abordables de l'intérieur des terres, dans les deux Amériques et dans l'Australie. Plusieurs mois se passent depuis l'instant du départ jusqu'à l'arrivée ; renversées dans tous les sens, les caisses subissent des chocs de tous genres ; néanmoins, lorsque les pianos sont déballés, leur accord est le même qu'au moment du départ, qualité précieuse dans les pays ou souvent il n'existe pas d'accordeur. »

Le barrage est remis aux mains des caissiers qui l'enferment dans son buffet de palissandre, d'acajou ou d'ébène ; le meuble ainsi formé reçoit la table d'harmonie qui n'est ajustée qu'après avoir passé par un séchoir chauffé à 40 degrés Elle est donc, au moment de sa mise en place, aussi rétrécie qu'elle peut l'être dans les climats les plus chauds et les plus secs ; elle ne peut désormais que se gonfler et se bomber plus ou moins, ce qui est loin d'être nuisible a la sonorité, mais il lui sera impossible de se fendre.

Sur les barrages, avec ou sans bois, fixés dans leurs meubles et munis de leurs tables, sont tendues les cordes en acier revêtues d'une spirale de fil de cuivre pour les octaves graves, et les cordes en acier pur pour le médium et les octaves supérieures. C'est le

DÉBIT D'UNE DENT D'ÉLÉPHANT.

travail des ateliers de filage et de montage. Là encore, la fabrication de Pleyel a trouvé un progrès. Autrefois ce n'était qu'après
essais et tâtonnements qu'on arrivait à fixer la grosseur des cordes
qui doivent donner les diverses notes. C'est le directeur actuel,
M. Lyon, un des plus distingués élèves de l'École polytechnique,
qui a dégagé de l'empirisme la formule scientifique permettant de
déduire le diamètre de la corde à employer pour obtenir une note
avec une tension donnée.

Les fileurs fournissent à leurs camarades de l'atelier de pose
les cordes dont les longueurs et les diamètres ont été ainsi déter-
minés; ceux-ci les joignent par une extrémité aux pointes d'accroche. et par l'autre aux chevilles d'acier qui sont chargées de
régler l'accord.

Voilà le corps sonore de l'instrument entièrement constitué. Il
ressemble assez à une harpe rudimentaire. Pour le faire vibrer, il
faut le mettre en contact avec l'ensemble des pièces que l'on appelle
la mécanique, c'est-à-dire les marteaux et les touches, médiateurs
entre les cordes et les doigts de l'exécutant.

Que de détails intéressants il y aurait à faire connaître sur les
procédés ingénieux par lesquels on est parvenu à rendre les marteaux toujours plus légers, plus indépendants, plus rebondissants,
plus sensibles à la moindre action de la main! Malheureusement
ces procédés sont trop techniques et comportent surtout trop de
physique mathématique pour être compris de tous. Qu'il nous
suffise de dire que pendant des années les chefs de la maison
Pleyel ont cherché sur quels points les marteaux doivent frapper la
corde tendue, de manière à obtenir les vibrations les plus amples et
les plus régulières, ce qui est d'une importance capitale pour la
qualité du timbre.

Si, dans la fabrication du cadre, le problème était de donner
à la matière son maximum de résistance et de fixité, on se préoc-
cupe surtout dans la fabrication de *la mécanique* de lui donner le

LES VARLOPEUSES CIRCULAIRES.

plus de légèreté et de délicatesse. Une des principales conditions pour obtenir une bonne vibration est une garniture de marteaux qui soit moelleuse et ne s'entame pas facilement. Les têtes des marteaux étant taillées et polies, on les garnit de deux feutres. L'un, assez dur, porte sur le bois lui-même; il est recouvert par un autre plus souple, dit « feutre d'égalisation » et destiné, comme son nom l'indique. à assurer au son une belle qualité de tenue et d'homogénéité. Ce second feutre est tendu sur le premier par un garnissage à la mécanique. Le marteau est monté sur un manche en bois, qui est lui-même fixé dans une pièce appelée *noix* que vient pousser un petit montant, *l'échappement*, pivoté dans une bascule que soulève la touche sous la pression du doigt. Voilà l'agencement des pièces élémentaires qui, multipliées autant de fois qu'il y a de notes, forment l'ensemble de la mécanique du piano droit. Pour le piano a queue, qui suppose des effets plus variés, et aussi plus de force d'attaque et de vélocité dans l'execution, le principal perfectionnement a été la substitution du double échappement à l'echappement simple.

Le clavier, en tilleul de 10 ans de sechage, est plaqué, par-dessus et par-devant, en ivoire blanc mat débité et blanchi a l'usine. Un atelier amusant entre tous, celui ou l'on débite en plaques aussi minces que celles des tablettes à ecrire des anciens, les grosses défenses que l'on voit là, entières comme à leur chargement aux ports d'Afrique. On les scie en plaques minces que coupe ensuite une machine spéciale, à la mesure de la touche qu'elles doivent recouvrir. Puis, avant de les faire adhérer à la touche, on les soumet à une préparation qui les empêche de jaunir avec le temps. C'est très simple . il suffit de les faire tremper dans de l'eau oxygénée. L'ivoire perd un peu le ton qui lui est particulier, mais il conservera une blancheur inaltérable.

Il est d'autres manipulations par lesquelles on fait passer les instruments destinés à voyager au loin. On prévient les effets de l'humidité en galvanisant toutes les parties métalliques, en dorant les cordes, en etamant a plusieurs couches toutes les pointes d'accroche, vis, chevilles, etc. Contre les ravages des insectes on a pris la précaution d'enduire d'une teinture spéciale, qui est la dissolution d'un poison, toutes les armatures en bois, toutes les garnitures, les marteaux, et les bandes de drap sur lesquelles reposent les extrémités des cordes. Les finisseurs ajustent, dans le piano, le clavier et la mécanique. Il ne reste plus qu'à le vernir et à l'essayer au point de vue des qualités requises par l'exécutant : tenue de l'accord, égalité du son, etc. Cette série d'observations attentives et, au besoin, de retouches délicates se fait dans les ateliers de Paris, rue Rochechouart. De là, les instruments Pleyel partent aux quatre coins de la France et des deux mondes.

En effet, on peut dire que les pianos de MM. Pleyel, Wolff et Cⁱᵉ sont connus et appréciés du monde entier. Il n'existe point peut-être de notoriété aussi universelle. Leur solidité à toute épreuve, les qualités de son qui les caracterisent, leur ont assuré depuis longtemps la faveur de tous ceux qui se servent de cet instrument. Ils possèdent surtout sans exception la haute préférence de tous les maîtres du piano en France et à l'étranger

Voici d'ailleurs la preuve la plus éloquente de l'estime dont ils jouissent :

Depuis sa fondation, la maison Pleyel, Wolff et Cⁱᵉ a fabriqué et vendu

108,000 pianos.

C'est évidemment le plus bel éloge qui puisse être fait de ses instruments.

FANFARE PLEYEL, WOLFF ET Cie.

II

ORGANISATION OUVRIÈRE. — ÉCONOMIE SOCIALE.

La simple énumération de ces travaux si divers et de ces progrès continus fait comprendre comment, depuis **Ignace Pleyel**, le personnel de la maison soit monté de dix ouvriers à six cents, qui est le chiffre actuel. Dès lors, un problème nouveau surgissait. Il était désirable, dans l'intérêt des travailleurs comme dans celui de l'établissement, que, malgré leur nombre, ils restassent une grande famille au lieu de dégénérer en agglomération fortuite d'individus sans liens entre eux et sans intérêts communs. Une direction très sage, comprenant très bien les conditions nouvelles que la grande industrie fait à l'ouvrier, a su prévenir ce danger. Entre le laisser faire qui n'est que de l'indifférence, et une sollicitude trop étroite qui ne laisse aucune initiative à l'individu, il y avait un moyen terme, difficile à trouver. La maison Pleyel a su appliquer le principe vivifiant de l'association, avec une tutelle très légère qui laisse libre jeu à l'activité personnelle et au contrôle mutuel ; tutelle non d'administrateur, mais de conseil désintéressé.

Dans cette association, l'ouvrier trouve satisfaction à tous ses besoins, y compris celui de distractions relevées que fait naître un genre de travail qui tient étroitement à l'art. A côté des sociétés de consommation, de secours mutuels, etc., sur lesquelles nous nous arrêterons volontiers, il y a dans l'usine même une bibliothèque payée et entretenue par la Direction, et qui compte près de trois mille volumes; une compagnie d'archers, pour lesquels on a ménagé dans l'usine, au bout d'une allée ombreuse, un *Stand* de tir fort bien compris, dont une gravure ci-après donne une idée exacte, et enfin une fanfare dont les instruments sont un don de la maison. Ce corps de musique, un des plus complets et des meilleurs en son genre, est dirigé par M. F. Leroux, ancien chef de musique de l'École d'artillerie de Vincennes. Sa phalange ne compte pas moins de quarante-quatre exécutants.

A chaque etape de sa carrière se présente à l'ouvrier une institution d'aide, de camaraderie, de secours ou de prévoyance. Il reste parfaitement libre ou de rester en dehors, ou de jouir des avantages qui lui sont offerts. Dans le rapport, déjà cité, a la section d'Économie sociale de l'Exposition de 1889, la Direction résume en deux mots l'esprit qui l'anime vis-à-vis de la famille ouvrière : « Nous considérons notre affaire comme la collaboration intelligente et volontaire de tous nos ouvriers. » Ils sont donc traités en associés, non en mineurs.

Prenons un enfant qui entre en apprentissage à l'usine, et suivons-le dans sa vie de travailleur. Une école, placée dans l'usine même, l'a reçu de cinq à huit ans; à cet âge, il a pu aller compléter son instruction primaire à l'école publique de Saint-Ouen ou de Saint-Denis. Muni de son certificat d'études, il revient à l'établissement et fait ses trois ans d'apprentissage. Il passera successivement par tous les ateliers pour acquérir une instruction professionnelle complète. Par une compréhension très élevée, on veut qu'il ait une connaissance suffisante de toutes les parties du travail

ENFANTS DES OUVRIERS DE L'USINE PLEYEL, WOLFF ET Cie,
fréquentant volontairement l'école qui leur est exclusivement réservée; les filles jusqu'à 12 ans, les garçons jusqu'à 8 ans

de la facture. On ne dresse pas des machines, on forme des hommes ayant des lumières sur tout ce qui concerne le métier. C'est au bout de trois ans seulement qu'on dirigera l'apprenti vers telle ou telle spécialité, après avoir observé ses aptitudes particulières.

Pendant ces trois années, le salaire, d'abord de 1 franc par jour au minimum, s'élève à 1 fr. 50. puis à 2 fr. 50 et jusqu'à 3 fr. 25. Dès que le jeune homme est devenu ouvrier, il monte rapidement, pour peu qu'il soit laborieux, de 4 a 6, 7, 8 francs et même plus haut, s'il devient un travailleur d'élite. La moyenne du salaire journalier pour un travailleur normal, a été, dans l'intervalle des dix dernières années, de 7 fr. 34. Souvent des offres plus brillantes sont faites au jeune ouvrier élevé à une si bonne école, mais bien peu se laissent tenter, et ceux qui quittent momentanément les ateliers de Saint-Denis ne tardent pas à y revenir, surs, d'ailleurs, d'y être bien accueillis. Aussi, sur un personnel stable de cinq cents ouvriers au moins, il n'y a pas moins de cent soixante-cinq apprentis.

Dès l'apprentissage, on a commencé à conseiller aux enfants l'épargne. Ils ont, pour eux tout seuls, une petite caisse, et, pour les encourager mieux encore que par des paroles, la maison verse à leur compte chaque année une somme égale à celle qu'ils ont su economiser eux-mêmes.

Ceux qui sont célibataires. ou qui logent trop loin de l'usine, trouvent sur place un excellent repas, a bon marche, s'ils sont incorporés à la société de consommation que la Direction a aidé à fonder. Ici encore, elle a fort bien compris son rôle de tutelle, en développant chez les sociétaires le sens de la prévoyance et de la responsabilité. Elle a avancé et non donné en pur don le capital de fondation, d'ailleurs avec toutes facilités de remboursement.

Si l'ouvrier veut placer l'argent qu'il a mis de côté, la maison Pleyel lui ouvre un compte de dépôt portant un intérêt que bien

LA COMPAGNIE D'ARCHERS PLEYEL, WOLFF ET Cie.

peu de papiers d'États et de placements industriels sont en mesure d'assurer.

Le placement, disons-nous, rapporte intérêt; le prêt n'en coûte aucun. Celui qui demande à contracter un emprunt l'obtient *sur son simple engagement d'honneur* de le rembourser à raison de 2 francs par semaine. Ce qui prouve en faveur de ce système tout de confiance et de loyauté, c'est que, depuis vingt ans, la proportion des prêts non remboursés n'atteint même pas 1 1/2 o/o.

Il y a plus d'une cause de gêne et de perte d'argent pour l'ouvrier : la maladie, les rappels au service militaire, les accidents involontaires. Un ensemble de mesures et d'institutions, les unes d'office, les autres volontaires, prévoient tous ces cas. Pendant les périodes d'exercice, par exemple, les reservistes célibataires reçoivent de la caisse 1 franc d'indemnite par jour; les mariés sans enfants ont 2 francs; les mariés avec enfants 3 francs. Les malades sont visités gratuitement par le médecin, et les médicaments leur sont donnés egalement gratis. Depuis 1867 jusqu'à present, ce chapitre de soins medicaux se chiffre par un total de 148.000 francs.

En dehors de cette assistance de la maison, les ouvriers, avec une louable initiative, ont organise deux sociétés de secours : la Société de secours mutuels proprement dite et le Groupe mutuel L'une et l'autre ont pour but d'aider pécuniairement leurs membres en cas d'accident ou de maladie. La Société de secours mutuels englobe d'office tous les ouvriers faisant partie des ateliers tant de Saint-Denis que de la rue Rochechouart. Le Groupe mutuel se recrute par adhésions volontaires. La première impose à ses adhérents une cotisation de 1 franc par mois; la seconde association exige d'eux la même contribution, mais par versements de 25 centimes par semaine. La Société de secours mutuels n'accorde pas d'indemnité pour une maladie de moins de trois jours; le secours est de 2 francs par jour et peut être prolongé pendant

GROUPE DES PENSIONNAIRES DE LA MAISON PLEYEL, WOLFF ET Cⁱᵉ (EN 1893).

neuf mois. Le Groupe mutuel donne à ses adhérents malades 1 franc par jour à partir du troisième jour, et prolonge, s'il en est besoin, ce secours pendant neuf mois. La Société de secours mutuels fait aussi parvenir des secours après décès à la veuve et à la famille des sociétaires défunts. Ajoutons que, en cas d'accident, l'ouvrier blessé reçoit, outre les secours de la Société, 2 francs par jour de la maison.

Indépendamment de ces secours aux blessés, la maison a versé chaque année à la Société de secours mutuels une somme variable, mais dont le total, depuis 1867, s'élève à 70,000 fr.

Lorsque, enfin, l'ouvrier atteint soixante ans d'âge et se trouve avoir trente ans de service, il devient *pensionnaire*, tout en continuant à travailler à l'atelier, s'il le veut. C'est-à-dire que, outre son salaire, il reçoit une pension *minima* de 365 francs par an, et cela sans qu'il ait jamais versé quoi que ce soit à la caisse des retraites ou subi la moindre retenue d'appointements.

En résumé, les subventions de la maison Pleyel à toutes ces fondations qu'elle a inspirées, les intérêts qu'elle sert aux caisses d'épargne, etc., s'élèvent, depuis 1867, au chiffre respectable de 900,000 fr. Chiffre éloquent, et qui en dit assez sur l'esprit élevé dans lequel les successeurs de Pleyel ont compris le rôle qui leur incombait. Aussi le rapport déjà cité constate avec une légitime satisfaction que le système a porté ses fruits.

« Cet ensemble d'idées a assuré une grande stabilité à notre personnel, puisque, actuellement, plus de la moitié de nos ouvriers ont entre quinze et vingt ans de séjour à l'usine. »

III

Notre étude serait incomplete si nous ne revenions en arrière, jusqu'aux premiers temps des essais d'Ignace Pleyel, pour retracer brièvement cette histoire, bien familière au monde musical, d'une famille conservant le même esprit artistique pendant plusieurs générations et donnant au goût musical de trois époques un centre et un foyer.

Quand, au milieu du siècle dernier, en 1757 exactement, Ignace Pleyel naquit à Vienne, et qu'un noble protecteur, le comte Erdœdy, lui fit étudier la composition chez Haydn, personne ne se doutait que ce jeune homme si bien doué ferait à sa façon une révolution dans la musique en perfectionnant l'instrument qui en est l'interprète le plus complet. Ignace Pleyel marchait sur les traces de son maître avec une facilité brillante; et quand il fut hors de pair, après ses premiers succès, Haydn lui écrivait : « Tu ajoutes par tes travaux à notre talent musical à tous deux. » Et le passage suivant d'une lettre de Mozart confirme assez l'estime que faisaient de lui ses émules : « Quel bonheur pour la musique, si Pleyel pouvait nous remplacer Haydn ! »

Parti sous de tels auspices, le jeune musicien viennois, qui avait été, comme bon nombre de compositeurs de son temps, faire consacrer son nom et son talent en Italie, aurait peut-être continué à suivre la carrière qu'il avait adoptée. Ce sont les années troublées de la fin du xviiie siècle et du commencement du nôtre qui le jetèrent hors de sa voie et l'amenèrent à servir l'art musical d'une autre manière. En 1783, nous retrouvons Ignace Pleyel à Strasbourg, directeur de l'école de musique entretenue par le cardinal prince de Rohan, ce fastueux seigneur ecclésiastique resté célèbre après la fameuse « affaire du collier ». La tempête révolutionnaire chassa le cardinal de Rohan, qui fut l'un des premiers à émigrer; mais son école de musique resta debout et Pleyel à sa tête. Il fut cependant, à deux reprises, mis singulièrement à l'épreuve par l'esprit nouveau, et, après avoir fait de la musique aristocratique et religieuse, il dut faire de la musique démocratique et révolutionnaire. De là cette œuvre de circonstance qui lui fut commandée par la municipalité de Strasbourg : *la Révolution du 10 août ou le Tocsin allégorique*, espèce de symphonie descriptive avec chœurs, salves d'artillerie et sonnerie de cloches devant figurer l'attaque des Tuileries et le triomphe du peuple. Pour être assurée de son musicien, la municipalité révolutionnaire de Strasbourg attacha à la personne de Pleyel un gendarme, dont la présence lui rappelait la prison d'où il venait de sortir et sa qualité de suspect. Dans ces conditions étranges pour l'inspiration, il termina en dix jours le travail forcé qu'on lui demandait. Puis, dès qu'il put sans danger s'éloigner, il prit le large et mit la Manche entre les patriotes et lui.

Cependant, en 1796, Pleyel était de retour à Paris, où il fit encore œuvre de musicien. Mais quelques années après, il renonçait à la composition, après une carrière très féconde, bien que

IGNACE PLEYEL.

courte, et il préludait a la fondation de sa manufacture de pianos en ouvrant un comptoir d'édition comme il avait vu faire à Londres à un autre musicien, son ami Muzio Clementi. Il ne réussit guère dans cette première tentative. En revanche, la vogue de ses premiers pianos fut si prompte que peu de temps après son établissement, il recevait une commande pour la Malmaison et devenait ensuite fournisseur de la cour impériale.

Bien qu'il ait continué jusqu'à un âge avancé à diriger sa maison toujours plus florissante. il y intéressa de bonne heure son fils Camille Pleyel, auquel il avait fait, d'ailleurs, donner une éducation musicale achevée. Camille Pleyel avait étudié la composition avec Dussek, il était pianiste remarquable et avait remporté de notables succès de virtuose en Allemagne, a Londres, à Paris, quand il se consacra a son tour entièrement, en 1824. à la fabrication des pianos, qu'il dota de progrès notables avec l'aide de son ami Kalkbrenner, autre pianiste de renom. Camille Pleyel et Kalkbrenner, qui avaient longtemps habité Londres, avaient étudié la fabrication et les perfectionnements des pianos par Broadwood, Clementi, Collard, etc. De la. suivant l'avis autorisé du maître pianiste Marmontel, les progrès rapides de la facture Pleyel dans les qualités de sonorité et de « transmission délicate, sensible, immédiate des marteaux à la corde ». Kalkbrenner fit pour les instruments de Pleyel ce que son maître et ami avait fait pour ceux de Broadwood. Il est à remarquer que Pleyel et Kalkbrenner réussirent à faire progresser la facture du piano parce qu'ils la connaissaient en artistes, et qu'ils en savaient à fond les lacunes et les ressources susceptibles de développement. Cette compétence, qui s'ajoute aux qualités techniques, est une tradition toujours vivante chez MM. Pleyel. Wolff et C. Elle donne le secret de l'importance des perfectionnements auxquels leur nom reste attaché.

Dès sa fondation, la maison Pleyel devint une sorte d'académie musicale qui se recrutait parmi tous les compositeurs ou pianistes qui venaient de tous les points d'Europe se faire consacrer à Paris. Ce furent d'abord, au commencement du siècle, Cramer, Steibelt et Moschelès; puis, au temps de Camille Pleyel, l'étoile de ce salon était Chopin. C'est chez Pleyel que Chopin donna

CAMILLE PLEYEL.

ces concerts qui balancèrent, au beau temps des virtuoses, les succès de Liszt et de Thalberg. Chopin affectionnait particulièrement les pianos Pleyel, à cause de leur sonorité argentine un peu voilée et de leurs touches si dociles aux moindres intentions du doigt. Il écrivait: « Quand je suis mal disposé, je joue sur un piano de XXX, parce qu'il me donne un son tout fait ; mais quand je me sens en verve et assez fort pour trouver *mon propre son* à moi, il me faut un piano de Pleyel. »

L'instrument qui lui faisait trouver *son propre son*. si intime, si ému et poétique, dans lequel il a exprimé toute cette musique d'une rêverie si douloureuse : ballades, valses. nocturnes, cet instrument, le piano Pleyel, est devenu inséparable du génie de Chopin, dont il a rendu possible la complète et radieuse manifestation.

Le successeur immédiat des deux Pleyel, Auguste Wolff, était lui-même un exécutant remarquable avant d'aborder les problèmes de la mécanique du piano. Le nom d'Auguste Wolff mérite une mention spéciale à double titre : comme artiste et comme technicien. Neveu d'un des chefs de notre Ecole française, d'Ambroise Thomas, et élève de Kalkbrenner, A. Wolff était désigné naturellement pour prendre la succession des travaux qu'il a conduits pendant plus de vingt ans de la manière la plus distinguée. A. Wolff a été, à son tour, un novateur des plus ingénieux. Ses études d'acoustique et de mécanique ont eu pour résultat la création du piano à queue petit modèle, le clavier transpositeur et le pedalier.

Les compositions musicales exigeaient de plus en plus des ressources d'exécution pour lesquelles le piano droit ne suffisait pas toujours ; c'était donc pour les facteurs un problème nouveau à résoudre : celui de faire entrer au salon, avec les dimensions que ce milieu requiert, le piano à queue réservé longtemps à la salle de concert.

L'ingénieuse solution de cette difficulté est la création, par Auguste Wolff, du piano à queue, petit modèle, à cordes croisées. Grâce à cet instrument baptisé par Gounod du nom de *crapaud,* nous pouvons nous donner à nous-mêmes des interprétations fidèles de cette musique moderne du piano à caractère polyphonique ou chromatique, comme les grandes pièces de Liszt et de César Franck, dont les sonorités restaient prisonnières et enchevêtrées dans un piano droit.

AUGUSTE WOLFF.

Le pédalier est un instrument à clavier pour les pieds, analogue à celui des organistes. Il est absolument indépendant du piano, peut s'adapter aux instruments de tous modèles et s'enlever à volonté. De même, le clavier transpositeur, providence de ceux qui ne sont pas capables de jouer à vue un accompagnement dans un ton différent de celui de la partition. C'est un clavier mobile qui se superpose au clavier ordinaire ; selon qu'on le fait avancer de plusieurs crans à droite ou à gauche, il transpose automatiquement le morceau d'un ou plusieurs tons, tandis qu'on l'exécute tel qu'il est écrit

Chevalier de la Légion d'honneur en 1863, A. Wolff avait été nommé membre du jury à l'Exposition universelle de Paris, en 1867. A sa mort (en février 1887), c'est M. Gustave Lyon, ancien élève de l'école polytechnique, ingénieur breveté du Gouvernement, gendre de A. Wolff et son collaborateur depuis cinq années, qui a pris la direction de la maison.

M. Lyon, fidèle aux traditions dont il est le gardien, a continué à travailler dans la voie que lui avaient tracée ses prédecesseurs, et, tout en conservant avec un soin jaloux aux instruments modernes *la nature propre, l'individualité des anciens « Pleyel »*, il leur a ajouté dans des types nouveaux *qui doublent, mais ne suppriment pas les types consacrés*, des ressources nouvelles, de nouvelles richesses. C'est à lui qu'est due la troisième pédale, indépendante des deux autres, la pédale harmonique, qui permet de maintenir au piano la tenue d'une note ou d'un accord comme à l'orgue. On doit encore à M. Lyon deux inventions toutes récentes qui facilitent l'étude du piano : un mécanisme qui assourdit le son du piano de manière à ce qu'il ne gêne pas même les personnes qui sont dans la pièce voisine de celle où l'on joue; et le durcisseur, autre appareil applicable à tous les pianos et qui sert à rendre à volonté le clavier plus résistant pour les exécutants qui ont besoin de développer la vigueur de l'attaque.

Sous sa direction, l'usine de Saint-Denis se transforme de jour en jour; on y installe les machines les plus perfectionnées et on applique à la fabrication les procédés les plus nouveaux.

Ne perdant de vue aucun des progrès de l'industrie moderne et sachant les juger et les utiliser, M. Lyon est arrivé à introduire l'acier coulé dans la fabrication des pianos, les rendant ainsi susceptibles de résister à tous les climats. Ses recherches incessantes sur les lois délicates de l'acoustique appliquées à la facture des pianos l'ont amené à construire, grâce à cet acier coulé, un

M. GUSTAVE LYON.

instrument de concert dont la sonorité dépasse de beaucoup celle des pianos connus jusqu'à ce jour.

Membre du jury des récompenses aux Expositions du Havre et de Toulouse en 1887, secrétaire rapporteur du jury à l'Exposition de Bruxelles en 1888, M. Lyon a été nommé en 1888 Chevalier de l'ordre royal de Léopold de Belgique, en avril 1889 Chevalier de la Légion d'honneur, et, en 1892, Chevalier de l'ordre royal du Danebrog.

Une institution de l'importance de la maison Pleyel, avec son passé, ses traditions, son rôle dans l'histoire artistique du siècle et sa constante activité, constitue pour ainsi dire une personnalité vivante dont les œuvres attestent l'âme, et qui a pour organisme les ressorts administratifs qui font aboutir les manifestations de cette âme.

On comprend dès lors toute l'importance du choix du personnel dans un établissement de ce genre et l'on peut dire que si depuis un siècle la Maison Pleyel a toujours atteint le but de ses efforts, si elle a acquis la puissance d'organisation qui la distingue, c'est parce que ses directeurs ont toujours su s'adjoindre des collaborateurs de haut mérite. Cette tradition s'est conservée avec soin. Aussi trouvons-nous aujourd'hui, groupé autour de M. Lyon, un état-major dévoué à la tête duquel sont deux noms bien connus : MM. Ernest Lantelme et Georges Pfeiffer, qui, depuis longtemps déjà, apportent à la Maison Pleyel le précieux concours de leur collaboration et ont puissamment contribué à l'élever au rang qu'elle a atteint.

Certes les résultats obtenus par la Maison Pleyel, ses innovations et ses perfectionnements dans la facture du piano, son influence dans l'évolution musicale de notre époque, sont ses plus beaux titres de gloire, et les récompenses officielles ne pouvaient rien ajouter à la haute notoriété qu'elle s'est acquise. Elles ne lui ont pas manqué, toutefois. On pourra s'en convaincre en consultant en tête de ce chapitre le tableau des récompenses qu'elle a obtenues aux expositions. Elles ont sanctionné le mérite de ses œuvres et les étapes de sa réputation.

L'Exposition Universelle de 1889 a mis le comble aux honneurs et au renom de la Maison Pleyel. On sait le succès que ses instruments y ont obtenu. Ses modèles de piano lui ont valu un

Grand Prix, la plus haute récompense ; en outre, pour l'ensemble de ses fondations ayant pour but l'amélioration du sort des ouvriers, elle a obtenu une *médaille d'or*.

M. E. LANTELME.

En 1890, la Maison Pleyel fêtait la construction de son *cent millième* piano, le labeur de tout un siècle. Si l'on considère ce qu'elle a su faire de cet instrument au cours de cette période, le point de perfection ou elle l'a élevé, les innovations qu'elle est capable d'y apporter encore et pendant longtemps, car sa puissante organisation garantit la durée de son existence, on peut affirmer que le piano est un instrument de bel avenir.

LÉON PRADEL.

TABLE DES GRAVURES

—— ——

TABLE DES PORTRAITS

TABLE DES MATIÈRES

IGNACE PLEYEL
FONDATEUR
EN 1807

www.ingramcontent.com/pod-product-compliance
Lightning Source LLC
Chambersburg PA
CBHW051721090426
42738CB00010B/2024